falter 49

Brigitte Werner

Seitenblicke

Die Liebe zum Leben

Verlag Freies Geistesleben

1. Auflage 2018

Verlag Freies Geistesleben
Landhausstraße 82, 70190 Stuttgart
www.geistesleben.com

ISBN 978-3-7725-2549-0

© 2018 Verlag Freies Geistesleben
& Urachhaus GmbH, Stuttgart
Satz: Bianca Bonfert
Umschlagfoto: ©lulu – stock.adobe.com
Bild S. 62: ullstein bild – Heritage Images / Fine Art Images
Druck und Bindung: GGP Media GmbH, Pößneck
Printed in Germany

Inhalt

Vorwort   9

Wanze und Wal   15

Weit und blau   23

Botschaften   29

Lichtstreifen   37

Keinhorn-Reh   43

Vor Kurzem war ich noch jung   49

Shadow   55

Vergesslicher Engel   63

Augenblicke   69

Der Himmel, nur um die Ecke   77

Der Nase nach   85

Einfach magisch   91

Plötzlich ist alles anders   97

Schattenorte   103

Bad Girl   109

Genau jetzt 117

Shakespeare, das Schwein 123

To be or not to be 131

Von oben 137

Lalelu 145

Himmlisches Kind 151

Bitte so! 157

Red, red roses 163

Voll erwischt 171

Dona la Pace 177

Leuchttürme.
Ein biografischer Ausblick 183

Nicht, was wir erleben, sondern wie wir empfinden, was wir erleben, macht unser Schicksal aus.

Marie von Ebner-Eschenbach

Vorwort

Liebe Leserin, lieber Leser,

voller Freude habe ich diese Kolumnenreihe geschrieben. Das hätte ich vor einiger Zeit noch nicht gedacht. Den Horror des Zeitdrucks und des Ideenmangels hatte ich als riesige Angstblase im Kopf und auch im Bauch.

Alles falscher Alarm. Bei meinem ersten Kolumnenbuch, *Zufälle*, hatte sich bereits herausgestellt, dass das Leben ein gewaltiges Füllhorn ist mit einem überquellenden Schatz an funkelnden Geschichten, die man erleben kann, wenn man sie wahrnimmt. Ich bin sicher, dass ich leider aber auch bereits an einer großen Menge wunderbarer Erlebnisse und Begegnungen vorbeigerannt oder geschlurft oder gestolpert bin, weil ich unaufmerksam, träge, befangen, blind oder mein Blick eingetrübt war. Aber nun, als mein Verleger mit dem Wunsch an mich herantrat, ich möge für das Jahr 2017 jeden Monat eine Kolumne zu dem Thema «Seitenblicke» schreiben, hüpfte mein Herz voller Vorfreude. Ich wusste mit großer Sicherheit, dass ich genügend Seitenblicke, die erzählenswert waren, erleben würde oder aber aus der Erinnerung würde schöpfen können.

Und so war es tatsächlich. Für dieses Buch, das für 2018 geplant war, waren zwölf Kolumnen zu wenig; wie bei dem ersten Kolumnenbuch sollten es fünfundzwanzig werden, das fand ich wunderbar. Denn immer, wenn die zwölf Kolumnen für die Zeitschrift *a tempo* im Kasten waren, überfiel mich eine große Traurigkeit. Wie gut, dass ich noch weitere dreizehn schreiben durfte! Und ich bekam tatsächlich eine Fülle von wunderbaren Mails oder Briefen von Leserinnen und Lesern, sogar selbst gestaltete Karten zu meinen Beiträgen, die mich stets berührten, erfreuten und immer stärkten. Und die mir auch den Mut gaben, rücksichtslos ehrlich zu schreiben, vielleicht sogar manchmal fast zu privat, aber die Leser dankten es in ihren Zuschriften mit Verständnis, Freude und der Bitte, genau *so* weiterzumachen. Manchmal erfuhr ich auch, dass eine der Kolumnen gerade bei einem der Lebensprobleme geholfen habe. Darüber konnte ich nur staunen. Und dankbar sein.

Diesmal gibt es in diesem Buch sogar so etwas wie ein Nachwort. Ein Artikel von mir für *a tempo* zum Thema «Wendepunkte» passt deshalb so gut als Abschluss, weil er Ihnen vielleicht einen kleinen Schlüssel liefern kann, wie und warum ich manchmal so empfinde, wie ich es in meinen Erlebnissen tue ...

Nun wünsche ich Ihnen beim Lesen von Herzen das Erkennen, dass das Leben tatsächlich jeden Tag ein kleines Innehalten braucht, um frohen Mutes und mit klarer Sicht geradeaus – und unbedingt immer mal wieder nach rechts und links – zu blicken. Manchmal auch erschauernd (voller Erinnerungsfreude) zurück. Denn oft sind es gerade die «kleinen» Begebenheiten, die im Herzen ganz groß werden.

Solche besonderen, beglückenden «Seitenblicke» wünsche ich Ihnen an jedem einzelnen Tag.

Herzlichst
Ihre Brigitte Werner

«Sie schubsen mich immer herum», flüstert sie, *«weil ... weil ich so dick bin. Sie schreien Plumpskuh und ...»* Sie stockt. *«Und jetzt rufen sie immer: fetter Wal!»*

Wanze und Wal

Die Lesung ist vorbei. Alles ist gut gelaufen, die Kinder waren aufmerksam und von der Geschichte begeistert. Der dicke Elefant mit seinem Problem eroberte die Herzen im Nu, die kleine freche Ratte mit Namen Schnauze sowieso. Die Kinder haben sogar mit mir über das Thema «Depression» ernsthaft diskutiert. Denn Bommelböhmer war aus Trauer über den vermeintlichen Verlust von Schnauze in eine tiefe, ohnmächtige Melancholie gefallen.

Ich bin erschöpft, weil man mir gegen unsere Absprache fast die doppelte Menge Kinder in einen engen Raum gezwängt hatte. Ich schleiche über den leeren Schulhof, die Mülltonen stinken, um den Betonboden stehen staubige, ungepflegte Büsche. Ich sehne mich nach meinem Lieblingscafé. Das ist aber noch 120 Kilometer weit weg.

Aus dem Gebüsch neben den Mülltonnen leuchten zwei Schuhspitzen in Neongrün. Jemand hat die Schuhe wohl verloren. Ich bücke mich danach, da zucken sie zurück. Ich erschrecke heftig. Da hockt jemand im Gebüsch und will nicht gesehen werden. Dumm gelaufen mit diesen Leuchtfischschuhen. Ich ahne, dass dort ein Problem versteckt ist. Ich ahne es einfach.

Ich biege die Zweige zur Seite und sehe ein rundliches Mädchen, vielleicht acht Jahre alt, das Gesicht kann ich nicht erkennen, sie presst es in ihre Arme, die sie um ihre Knie geschlungen hat. Traurigkeit steigt von ihr hoch. Verzweiflung. Wut. Eine dunkle Mischung.

«Kann ich dir helfen?», frage ich leise. Die Kleine schaut nicht auf, aber ich lasse nicht locker. «Wenn du rückst, kann ich mich hier auch eine Weile verstecken. Das wäre schön», sage ich. Sie rückt tatsächlich ein wenig zur Seite. Ich pfeife auf meine helle Hose, gehe in die Hocke und nehme mühsam auf dem Boden Platz. Bei solchen Aktionen spüre ich das verflixte Alter.

Wir schweigen. Da hebt sie den Kopf. Ihre Augen sind dunkel vor Kummer. Oder ist es Zorn? Oder beides zugleich? Was kann passiert sein? In ihren leuchtend grünen Schuhen stecken runde, stämmige Beine. Sie hat eine viel zu stramme rote Latzhose an und ein leuchtend gelbes T-Shirt. Sie liebt wohl Farben. Ich auch. Zur hellen Hose trage ich eine wild gemusterte, asiatisch anmutende Bluse. Sie schaut zu mir hoch. Ich lächle in ihr Kummergesicht. Sie schaut ernst in meine Augen.

«Wieso willst du dich verstecken?», fragt sie.

Shit, denke ich, jetzt hat sie mich erwischt. Was sage ich bloß, um nicht voll zu lügen?

«Hm», sage ich zögerlich, «manchmal will ich bloß meine Ruhe, dann sollen mich alle in Ruhe lassen, weißt du?»

Sie nickt heftig.

Ich wage es und frage: «Und warum hast du dich hier versteckt?»

Sie legt den Kopf wieder auf die Knie.

Überlegt sie, ob man mir Probleme anvertrauen kann? Man kann. Ich weiß das, aber weiß sie es auch?

«Sie schubsen mich immer herum», flüstert sie, «weil ... weil ich so dick bin. Sie schreien Plumpskuh und ...» Sie stockt. «Und jetzt rufen sie immer: fetter Wal!»

«Oje», sage ich leise. «Das ist eine echte Gemeinheit. Mich haben sie früher immer Wanze genannt. Das war so richtig eklig.»

«Warum?», flüstert das Mädchen.

«Ich war immer die Allerkleinste», antworte ich. «Immer. Und Wanzen sind auch klein. Und sie sind wirklich eklig. Da hast du mehr Glück.»

«Wieso?», fragt sie.

«Na ja, weißt du überhaupt, was für ein wunderbares Tier ein Wal ist? Er ist groß und mächtig, er ist ein Schwimm- und Springkünstler, er ist liebevoll zu seinen Kindern, er macht die allerwundersamsten Töne, die du dir nur vorstellen kannst. Er singt und kann mit seinen Freunden sprechen, die ganz weit weg sind. Warte mal», sage ich, «ich zeig dir was.» Ich krame nach meinem Handy – wie gut, dass ich seit einiger Zeit ein Smartphone habe –, ich hole mir ruckzuck eine Walmutter und ihr Kind auf den Bildschirm und ergänze meine Informationen. Sie staunt – ich staune. Welch großartige Geschöpfe!

«Weißt du was?», sage ich. «Immer wenn sie dicker Wal zu dir sagen, dann solltest du dich so groß und mächtig und wunderbar fühlen wie ein echter Wal. Die dich ärgern wollen, haben doch keine Ahnung, das sind richtige Blöd-affen.»

Da nickt sie.

«Wanze ist schlimmer», sage ich, «das kannst du mir glauben.»

«Kannst du mir eine Wanze zeigen?», fragt sie.

Ich schlucke, aber ich google sie. Wir beugen uns übers Bild.

Da nimmt sie meine Hand. «Wal ist besser», sagt sie.

Ich nicke. «Da hast du Glück», sage ich.

Jetzt nickt sie.

Er lag auf dem Bauch, den kleinen Kopf fast in der lockeren Erde vergraben. Ich bin erschüttert. Ich kann damit nicht umgehen. Ich heule sofort los.

Weit und blau

Mittlerweile habe ich einen kleinen Privatzoo, in den die Tiere freiwillig kommen und aus dem sie frei wieder gehen, krabbeln, fliegen, springen, gleiten. Seit letzter Woche sind zwei große Schnecken mit einem wunderbar gezeichneten, milchfarbenen Haus hinzugekommen, die heftigst verliebt Stunden damit verbracht haben, trotz sperrigem Eigenheim auf dem Rücken sich umeinander zu schlingen und hin und wieder zart mit ihren Hörnchen zu stupsen und zu streicheln. Jetzt sind sie irgendwo auf Hochzeitsreise.

Zwei Eichhörnchen laufen mir fast über die Zehenspitzen, wenn ich morgens mit dem ersten Kaffee auf den Stufen vor meiner Terrassentür sitze, nachdem ich Futter ausgestreut habe. Eine winzige Maus huscht unter dem Strandkorb hervor und bedient sich blitzschnell. Vögel flattern schon ungeduldig über den Steinen, und wenn ich endlich sitze, landen sie und suchen aus. Sie sind wählerisch. Ein Buntspecht ist neu und beäugt mich misstrauisch aus dem Gebüsch. Es wird noch ein paar Tage dauern, bis er mir vertraut. Abends kommen zuerst die Schwalben, später die Fledermäuse und zum Schluss Monsieur Igel. Vielleicht ist es auch eine Madame. Erdnüsse findet sie okay.

Aber heute. Heute fand ich beim Rupfen des Unkrauts, das zwischen meinen Rosen wuchert, weil ich es damit nicht so genau nehme, einen Buchfinken. Er lag auf dem Bauch, den kleinen Kopf fast in der lockeren Erde vergraben. Ich bin erschüttert. Ich kann damit nicht umgehen. Ich heule sofort los. Wahrscheinlich ist er vor die Wohnzimmerscheibe geflogen und hat es nicht überlebt. Ich werde eine Schaufel holen und ihn beerdigen. Das bin ich meinen Freunden schuldig.

Ich beuge mich zu ihm hinunter, da sehe ich, dass sein kleiner Körper zittert. Er lebt noch. Ich ziehe scharf die Luft ein. Was kann, was soll ich jetzt tun? Ich liebe meine Vögel über alles, aber ich kann sie nicht anfassen, da bin ich irgendwie gestört. Ich hole meinen Gartenhocker und setze mich zu ihm. Ich rede mit ihm. Ich wünsche, dass er es schafft. Ich schließe die Augen und schicke ihm Heilenergie. Ja, daran kann man glauben oder auch nicht. Ich habe es in einem intensiven Seminar gelernt und wende es hin und wieder an.

Nach einer Weile öffne ich die Augen, da liegt er auf dem Rücken und streckt die Beinchen zum Himmel. Der ist blau und stumm und zurzeit ganz weit weg. Er ist erlöst, denke ich und tue das, was ich immer tue, wenn ich tote Tiere finde oder am Straßenrand entdecke. Ich stelle sie mir dann immer auf den Schultern oder in den Händen des heiligen Franziskus vor. Sie schmiegen sich an ihn, und er lächelt ihnen liebevoll zu. Warum ich das so sehe, weiß ich nicht. Aber es tröstet.

Da bemerke ich, dass sich der kleine Bauch hebt und senkt. Herr im Himmel, ich kann es nicht glauben, er lebt noch. Ich schicke Gebete in das weite Blau über mir, ich flüstere sanfte Worte in einer erfundenen Sprache, die immer in mir hochkommt, wenn ich mit Tieren rede. Katzen beginnen dann zu schnurren, Hunde werden schläfrig. Selbst erschreckte Igel beruhigen sich, und Babys hören auf zu schreien. Ich schließe wieder die Augen. Eine lange Zeit vergeht. Ich nehme ein Geräusch wahr. Der Buchfink hockt vor mir. Er schaut mich eindringlich an. Dann schließt er die Augen und atmet heftig. Ich rede weiter sanft und leise mit ihm. Es strengt mich an. Es ermüdet mich. Ich fühle mich schwer und matt. Das Visualisieren der blauen Heilenergie wird schwierig. Ich nicke wohl ein, keine Ahnung wie lange.

Plötzlich fühle ich mich sanft gerüttelt. Ich schrecke auf und schaue mich um. Niemand. Über mir flattert etwas, ich sehe eine Bewegung von mir weg in das nahe Gebüsch. Der Platz vor mir ist leer. Über mir ist der Himmel voll, voll mit meinem großen Danke.

Franziskus kann noch warten.

Ein hellgrauer Stein voll mit
Hieroglyphen wollte mir etwas
sagen. Als ich ihn in die Hand
nehme, beginnt er zu summen.
Ich erschrecke und drücke fest
zu. Stille. Keine Vibration
mehr. Öffne ich die Hand,
summt er.

Botschaften

Sie sind überall. Mal versteckt, fast unsichtbar, mal knalledrall direkt vor meiner Nase. Manche sind geheimnisvoll, manche auffallend klar, manche absolut unverständlich oder blanker Unsinn. Oder nicht? Bin ich es eher, die mit Unsinn vollgestopft ist bis obenhin? In mir wohnt viel schräges Zeug, ich weiß, ich weiß. Aber ich liebe meine geheimen Gärten oder dieses wilde KonfettiLuftschlangenSeifenblasenwirrwarr, aber auch meine Schattenreiche mit ihren Kellerlöchern, die unterirdischen Labyrinthe mit ihren Unheimlichkeiten, die ich mir aber wohl alle selber wie mit einem Lego-Stecksystem zusammengebaut, vielleicht auch geleimt, getackert oder verschnürt habe.

Ich war schon als Kind sehr sicher, dass es sie gibt, diese Zeichen. Überall. An jeder Ecke und Kante. Auf meinem Kakao in der Tasse, im Muster eines falschen Marmorbodens, in Tapetenstrukturen, in den Mondsprenkeln auf dem Schlossteich, in Tarotkarten, abgeblättertem

Putz, in Wolkenfetzen und auf den Steinen, die ich am Ostseestrand finde. Weiße oder graue Steine mit seltsamen Mustern, Abbildungen von noch nicht entdeckten Pflanzen, tanzende Tiere, ein winkender Hase, eine Kaktusorchideentulpe. Aber die köstlichsten Funde sind die Geschichtensteine mit fremden Buchstaben, sie erzählen mir deutlich etwas von fernen Orten und magischen Geschehnissen. Ihre Verschlüsselung ist gelungen, wunderschöne Buchstaben oder Worte sind umeinandergewickelt, so rätselhaft wie die Schriftzeichen der alten Maya.

Aber ich bin den Geschichten auf der Spur. Gestern, wirklich aus den Augenwinkeln, plinkerte mich eine Botschaft an. Unmissverständlich. Deutlich. Dringend. Ich bückte mich. Ein hellgrauer Stein voll mit Hieroglyphen wollte mir etwas sagen. Als ich ihn in die Hand nehme, beginnt er zu summen. Ich erschrecke und drücke fest zu. Stille. Keine Vibration mehr. Öffne ich die Hand, summt er. Ich bin entzückt und ein kleines bisschen beunruhigt.

Ich setze mich auf einen dieser großen Felsbrocken, die wohl ein Riesenkind über den

Strand verteilt hat. Der Stein hat Flecken, Linien, Buchstaben, eine Nachricht. Da ich mich gerade in einer unfreiwilligen Umbruchphase in meinem Leben befinde und wichtige Entscheidungen anstehen, verknotet mit Unsicherheit und Ängsten, bitte ich um Klarheit.

Das Summen hält an, berühre ich den Stein mit der anderen Hand, vibriert er warm und sanft. Bin ich jetzt am Durchknallen, koste ich gerade eine Prise Altersschwachsinn? Was will dieser Stein mir sagen? Welche Weisheit, die in mir ist, soll gerade aus einem versteckten Ort aus mir herausrollen?

Ein junger Mann mit Shorts und Sonnenkappe steht vor mir. Sein Schatten ist groß. Er hat ein freundliches Gesicht. Neuerdings ziehe ich junge Männer an. Sie sind so alt, wie meine Enkel sein könnten. Sie mögen mich, diese alte, schräge Dame, offensichtlich. Ich sie auch. Sie sind ernsthaft und offen, höflich und auf angenehme Art behutsam. Ich zeige ihm den Stein.

«Er will Ihnen was sagen», sagt der junge Mann. Die Sonnenkappe wippt.

Ich nicke, und er setzt sich zu mir. Ich reiche ihm den Stein.

Er erschrickt. «Er summt», sagt er überrascht.

Ich strahle ihn an. «Genau», bestätige ich.

«Vielleicht singt er ja seine Botschaften», sagt er sehr ernsthaft, und ich bin entzückt. Welch großartige Idee. Wir schweigen. Wir betrachten sein Muster, wir hören die kleinen Wellen an den Strand spülen und die Schreie der Möwen.

Plötzlich steht der junge Mann auf: «Er möchte, dass Sie Ihren Ort wechseln. Er tut Ihnen nicht mehr gut. Verstehen Sie?»

Ich nicke heftig und erzähle ihm von meiner aktuellen Situation. Ja, ich muss umziehen, es bricht mir das Herz, aber ich muss fort, einen anderen Ort finden. Frieden haben.

Er lächelt: «Ja, das sagt der Stein.»

«Hat er es gesungen?», frage ich.

Er runzelt die Stirn. «Ich weiß nicht», stottert er, «es war plötzlich in meinem Kopf.»

Ich nicke. Das kenne ich.

«Sie schaffen das», sagt er und drückt meine Hände.

Wir lächeln uns zu. Ja, ich schaffe das. Das ist gewiss.

Ich bedanke mich bei meinem Stein und bei meinem Dolmetscher mit den jungen, frischen Augen.

Ich bedanke mich bei der Weisheit des Lebens.

Alles wird gut.

«Tach», sage ich und zeige
großzügig auf die Bücher,
als hätte ich sie gönnerhaft
gespendet. Seine Augen sind
verhangen, irgendwie mit
Schatten verdunkelt, aber ein
Fünkchen Wasweißich blitzt in
ihnen, und ich werde neugierig.

Lichtstreifen

Von der kleinen Bäckerei, in der ich gerne hin und wieder frühstücke, weil es dort so schön warm und gemütlich ist und ich ungehemmt die Gespräche der Bäckersfrauen belauschen kann, schaue ich auf den Vorplatz einer Bank, und etwas Fremdes, Neues irritiert meinen Blick. Mitten in dem Treiben dort steht ein Schrank. Ein weißer, großer Schrank. Eine junge Frau ist wohl genauso verwundert wie ich, sie beäugt ihn von allen Seiten, öffnet die Schranktür und kramt dort drin herum. Dann hält sie etwas in der Hand, das verflixt noch mal wie ein Buch aussieht. Jetzt verstehe ich: Und Halleluja und Hurra und Tatsächlich. Ein Bücherschrank! Von beiden Seiten gefüllt. Alle Regale sind voll, sehe ich etwas später, als ich ihn von Nahem bestaune.

Welch bunte Mischung: Nesthäkchen, Reiseführer, Konsalik, Kästner, Bildbände und jede Menge Science-Fiction. Die unteren Regalbretter tragen die Wälzer, ich bücke mich, da steigt mir ein Geruch in die Nase, der mir unangenehm ist. Ein Schatten fällt über die Bücher, und dann steht jemand so dicht hinter mir, dass ich seine Körperwärme spüren kann.

Ich richte mich auf. Als ich mich zur Seite drehe, schaue ich direkt in sein zernarbtes, graues Gesicht. Die Haare sind lang und ungepflegt, die Kleidung auch. Und er riecht. Ich bin Gott sei Dank mit großer Unempfindlichkeit gesegnet und bleibe gelassen.

«Tach», sage ich und zeige großzügig auf die Bücher, als hätte ich sie gönnerhaft gespendet. Seine Augen sind verhangen, irgendwie mit Schatten verdunkelt, aber ein Fünkchen Wasweißich blitzt in ihnen, und ich werde neugierig. Er beäugt mich von oben bis unten. Ich ihn auch. Wir mustern uns recht ungezwungen. Da reiche ich ihm die Hand und sage meinen Namen und dass ich es großartig finde, dass man nun hier einfach so Bücher mitnehmen oder ablegen kann.

«Großartig?», wiederholt er und lächelt schief. Er zeigt auf die Reihe Karl May und die große Menge altmodischer Schmöker und sagt leise: «Kann ich nich so seh'n.»

Ich habe keine Ahnung von Geschmack, Bildung und Lesefreude dieses Mannes, aber da entdecke ich *Die Entdeckung der Langsamkeit;* ohne es zu merken, fasse ich ihn am Arm und schiebe ihn näher zum Regal. Ich greife nach dem Buch, ich blättere darin herum, ich bin aufgeregt und entzückt. Es hat mir, als ich noch im Schuldienst war, meinen Blick auf die «langsamen» Kinder erhellt. Es war die reinste Erleuchtung gewesen. Ich sage ihm das.

Er räuspert sich, nickt und murmelt: «Okay, das is' in Ordnung.» So, als ob er es kennen würde. Ich ertappe mich in meiner Arroganz und erschrecke.

Plötzlich erhellt sich sein Gesicht. Dieser Funken von Keineahnungwas wird ein ganzer Lichtstreifen. Er drängt mich etwas zur Seite und zieht ein anderes, schmales Bändchen aus dem obersten Fach: die Gedichte von Pablo Neruda. Er schwenkt es mir vor der Nase hin und her. Immer wieder.

Ich nicke mit dem Kopf wie ein Wackeldackel vor Begeisterung. Ich frage: «Darf ich mal?», nehme es ihm einfach aus der Hand, blättere drin herum und finde, was ich suche. «Kommen Sie», sage ich und ziehe ihn mit mir auf die nächste Bank. Wir sitzen dicht nebeneinander. Ich denke nicht, ich rieche nicht, ich bin voller Ehrfurcht und Freude. Ich sage: «Hören Sie!» Und dann lese ich ihm inbrünstig eins meiner Lieblingsgedichte vor: Die Königin.

Als ich fertig bin, sind wir beide sehr still. Der Straßenlärm ist irgendwie hinter den Häuserecken verschwunden. Er zitiert leise: «... wenn du durch die Straßen gehst, erkennt dich keiner ...»

Nach einer Weile steht er auf und schaut auf mich herunter. «Danke», sagt er. Ich reiche ihm das schmale Buch, und ehe ich noch darüber nachdenken kann, ob ich mich traue, ihn zu umarmen, schlurft er davon. Das Buch fest unter den Arm geklemmt.

Ich fahre langsamer, hinter
mir ist kein Auto. Ich sehe
ein Rudel Rehe oder Hirsche –
jedenfalls Damwild, das mit
den Köpfen nach unten grast.
Mittendrin ein leuchtend weißer
Fleck in derselben Haltung.
Was kann das sein?

Keinhorn-Reh

Es ist dämmrig – ich liebe dieses sanfte Licht, wenn alle Konturen weich werden. Etwas Unscharfes legt sich um alle Dinge und trägt sie ein wenig ins Träumerische. Es ist wie ein Ausatmen, ein Ruhigwerden.

Die Landstraße macht eine Krümmung, ich muss aufpassen, denn dieses Licht, mein Lieblingslicht, hat eine Tücke: Ich bin stark nachtblind, und das erschwert das Autofahren sehr. Rechts und links liegen die weich geschwungenen Felder der Schleilandschaft mit den Knicken und Baumstreifen dazwischen. Hin und wieder kreist eine letzte Möwe am violetten Himmel. Ich schaue konzentriert nach vorne, um der Straße zu folgen, da nehme ich aus den Augenwinkeln dunkle Flecken rechts auf der Wiese wahr.

Ich fahre langsamer, hinter mir ist kein Auto. Ich sehe ein Rudel Rehe oder Hirsche. Jedenfalls Damwild, das mit gesenkten Köpfen grast. Mittendrin ein leuchtend weißer Fleck in derselben Haltung. Was kann das sein? Eine mittelgroße Kuh? Hier sind sie aber groß und meist schwarz-weiß. Kaffeebraune gibt es auch. Eine Ziege vielleicht? Vertragen sich Ziegen mit Rehen? Keine Ahnung. Das Rudel bewegt sich. Synchron zieht es etwas weiter. Der weiße Fleck bewegt sich mit. Ich suche mein Smartphone, ich will ihn fotografieren, vielleicht kann ich die Gruppe heranzoomen. Ich finde es nicht. Hinter mir nähert sich ein Auto – ich muss weiter.

Da ich ja immer schon viel Fantasie hatte, male ich mir die wildesten Dinge aus. Eine gutmütige Rehmutter hat tatsächlich eine verloren gegangene Ziege adoptiert. Ein Einhorn, ein junges, ist es leid, einsam durch das verwunschene Licht zu traben, und sucht Geselligkeit. Oder ein weißes Pony liebt das Rudel, weil es nun nicht mehr das kleinste Tier auf der Weide ist.

Zu Hause angekommen, holen mich ein paar Telefonanrufe zurück in die Wirklichkeit. Ich vergesse vorerst das weiße PonyZiegenKuhEinhorn. Aber jeden Abend aufs Neue, wenn die Schatten das schwindende Licht streicheln, muss ich an dieses eigenartige Bild denken: braune Flecken mit einem weißen Fleck dazwischen.

Abends fahre ich hier grundsätzlich langsam, zu viele Tiere wechseln vorm Schlafengehen noch schnell die Straßenseite, und immer wieder kommt es vor, dass sie plötzlich aus dem Gebüsch springen. Oder eine ganze Herde trabt gemächlich über die Straße und bleibt manchmal einfach stehen. Ich habe schon mehr als fünfzig Tiere gezählt, sie schauen ins Auto, sie rätseln, wer ich bin und wo ich herkomme, sie wenden sich mit einem sanften Nicken wieder ab. Ich nehme das als Verabschiedungsgruß und wünsche ihnen eine gute Nacht. Sie gehen weiter. Ohne Eile. Sie haben Zeit. Ich auch. Ich würde sie gerne einmal anfassen, über ihr samtbraunes glattes Fell streichen, sie zwischen den Ohren kraulen und ihre weiche Schnute mit Leckereien füttern. Ich sollte mal was im Auto bereithalten. Aber was? Ich werde es herausfinden.

Als ich an einem anderen Abend noch spät in meinem Strandkorb sitze, über mir der angeknabberte Mond mit seiner funkelnden Sternensippe, da nehme ich fern auf der Wiese gegenüber eine Bewegung wahr. Ja, da sind Tiere mitten auf dem Feld. Viele dunkle Flecken, aber kein weißer.

Ich ziehe enttäuscht die Luft ein. Am folgenden Sonntag bei der Hochzeit von lieben Freunden sitzt mein Nachbar neben mir. Der ist Ureinwohner, ich bin hier nur eine Abundzuauftauchende. Es dauert noch mit dem Essen, und wir kommen ins Reden. Plötzlich höre ich, dass ein wunderbares Gerücht die Runde macht: Bauern, Förster und auch Jäger sollen ein weißes Reh gesichtet haben. Das ist mindestens so selten wie eine Schnecke mit sechs flinken Beinchen. Ich schlucke. Ich gehöre zu den Auserwählten, die dieses Wunder sehen durften. Ich beschließe auf der Stelle, dass es Glück bringt. Mindestens so viel wie das Sichten eines Einhorns. Ach, Unsinn, viel mehr. Einhörner sieht man doch an jeder Ecke und Kante, sogar auf Kopfkissen. Sogar in Rosa. Aber ein weißes Reh? Ist das nicht so etwas wie ein FastEinhornReh?

Ich fühle mich gerade sehr besonders, sehr geehrt und sehr magisch. Irgendwann wird es mir so nahe kommen, dass ich ihm meinen Namen sagen darf. Und es verrät mir seinen. Und schenkt mir drei Wünsche. Irgendwann bestimmt.

Im Schaufenster hängt ein großes Plakat mit dem wilden Kopf des wilden, noch jungen Mikis Theodorakis. Ich staune ihn an. Mein Gott, ich hatte vergessen, wie sehr er damals Teil meines Lebens gewesen ist. Wir hatten ihn nachts im Park immer dabei ...

Vor Kurzem war ich noch jung

Es war wie bei diesem *klassischen Tango aus der offenen Tür in Köln* in diesem Gedicht von Rolf-Dieter Brinkmann: Man geht durch eine vertraute Straße, und plötzlich ist da eine Irritation, die das Herz stocken lässt und einen aus dem Takt bringt, aus dem Takt der Schritte vielleicht, aus dem unablässigen Geplauder der Gedanken beim Dahinschlendern, dem Rauschen des Verkehrs oder der Bäume, dem Singsang der Kinder und ihrer Mütter, der vom Spielplatz herüberhüpft wie die bunten Bälle, denen die überdrehten Hunde hinterherjagen. Ich bleibe stehen.

Rechts von mir ist das verstaubte Schaufenster eines altertümlichen Plattenladens, hier häufen sich vergilbte Schallplattenhüllen und anderer Kram, der mich nie interessiert hat. Alles ist irgendwie aus einer vergangenen Zeit, die auch schon Staub angesetzt hat und in der ich jung war, mit einem tragbaren Plattenspieler für die heimlichen Treffs im Park, was viele Batterien gekostet hat – viel Lärm um nichts mit den

Jungs und viel Lärm um alles mit den Eltern. Was hat mich stocken lassen?

Im Schaufenster hängt ein großes Plakat mit dem wilden Kopf des wilden, noch jungen Mikis Theodorakis. Ich staune ihn an. Mein Gott, ich hatte vergessen, wie sehr er damals Teil meines Lebens gewesen ist. Wir hatten ihn nachts im Park immer dabei, wir sangen lauthals mit, irgendjemand hatte immer eine Flasche Retsina aufgetrieben. Er als Widerstandskämpfer ging mit uns auf alle Demos, er ließ uns unendliche Kreise Sirtaki tanzen und Alexis Sorbas lieben. Und ich weiß noch sehr genau, wie ich nach einem heftigen Herzgewitter sehr allein auf meinen vielen Kissen in meiner ersten Wohnung auf dem Boden saß, es muss Winter gewesen sein, ich spüre noch die warme Heizung im Rücken, an die ich mich gelehnt hatte, weil ich vor Kummer fröstelte und immer wieder aufstand, um die Platte erneut zu hören.

Und dann geschah etwas, was mich noch Jahre begleiten sollte, immer wieder, wenn Kunst mein Herz intensiv berührt, sei es Malerei, Musik, Literatur – ich erkannte mit großer Klarheit und fast schon schmerzhaft, dass ich ihn liebte. Ja, ich liebte Theodorakis plötzlich mit tiefer Innigkeit, weil er mir diese Musik schenkte. Ich hatte keine Ahnung, welche Macken und Unmöglichkeiten er als Mensch hat, mit denen ich vielleicht gar nicht leben könnte, aber ich liebte ihn für diese Musik. Das geht mir selbst bei Brecht so, wenn ich den Galilei lese oder einige seiner überraschend zarten Liebesgedichte. Obwohl ich weiß, dass er ein richtiger Macho gewesen ist, manchmal auch Ideen klaute und nicht immer ein Menschenfreund war. – Die Kunst macht das wohl wett, jedenfalls in dem Moment, wo sie das Herz erschauern lässt und wir eine Ahnung bekommen, dass sie eine Kraft ist, die weit über die Realität hinausgeht und eine zweite, köstliche erschaffen kann.

Ich eile nach Hause. Natürlich habe ich keine einzige der Schallplatten mehr. Und natürlich auch keinen Plattenspieler. Aber ich finde nach langem Suchen in meiner grandiosen CD-Unordnung das Album, das ich schon ewig nicht mehr gehört habe. Theodorakis ist ein alter Mann, übergewichtig, stark ergraut, die Stimme erschöpft und etwas atemlos. Die wilde Mähne ist immer noch wild, und mit seinem türkischen Kollegen singt er live gemeinsam alte und neue Lieder. Lieder, die die alte Feindschaft zwischen Griechenland und der Türkei aufweichen sollen. Im Publikum strecken sich Hände nach dem Frieden aus, nach Verständigung. Die Presse berichtete von vielen Umarmungen. Die Musik ist eindringlich, ich höre sehr deutlich, wie die Stimme von Theodorakis stärker wird. Mit jedem Lied wächst sie über den Bühnenrand hinaus ins Publikum, das zu toben beginnt. Als der Sirtaki von Alexis Sorbas beginnt, hält mich nichts mehr, ich springe auf, ich tanze wild und gefährlich, denn ohne den Halt der anderen Arme im Kreis wird das Drehen geradezu tollkühn, aber ich liebe das Tanzen, tanzen machte mich immer schon überaus lebendig und frei. Ja, frei.

Und atemlos.

Da, genau da passiert es wieder: Eine bedingungslose Liebe fällt mit Kawumm in mein Herz, ich heule wie eine dumme alte Kuh. Und bin fassungslos. Und gerade zwanzig, vielleicht auch jünger. Und voller Dankbarkeit, dass es wehtut.

Jeden Tag lag der verwunschene Prinz auf dem wunderschönen Bauch der wunderschönen Prinzessin, und sie streichelte seine verkrusteten Ohren und das raue, struppige Fell mit den kahlen Stellen dazwischen.

Shadow

Ich weiß nicht mehr, wann ich ihn genau wahrnahm. Aber als gehuschte Bewegung, als schleichender Schatten, als ein Nichtwirklichdasein hatte ich ihn schon lange gespürt. Zum ersten Mal, als ich mich über das Geländer der Terrasse meines Ferienappartements auf der Insel Samos zu dem direkt darunterliegenden schmalen Strand beugte. Dieser karge Streifen mit verdorrtem Gras und Kieseln und ein wenig Sand hatte ein Geheimnis. Dort lebten zu meinem ganzen Entzücken zwei junge, dürre Katzenmütter, und ich konnte beobachten, wie sie da unten, direkt vor den anschlagenden Wellen, ihre Babys betreuten, fütterten, herumtrugen, wenn das Wasser zu wild wurde, oder mit ihnen im Schatten dösten. Natürlich war mein erster Gang nach meiner Ankunft, sobald ich sie entdeckt hatte, zu dem winzigen Supermarkt des winzigen Ortes, um Katzenfutter zu kaufen. Da ich nicht zu ihnen hinunterkonnte, musste ich sie hochlocken.

Na ja, zu mir kamen sie nicht, aber der Geruch des Futters tat seine Wirkung, und wenn ich in ausreichend großer Entfernung blieb, verschlangen sie in Windeseile ihre Portionen, leckten alles blitzblank, beäugten mich noch eine Zeit lang misstrauisch und verschwanden wieder, um ihre Kinder zu versorgen. Immer genau dann bemerkte ich eine Bewegung hinter mir, immer dann fauchten die beiden Katzenmütter kurz unisono, bevor sie nach unten liefen. Wem galt ihre Abwehr, wen konnten sie nicht leiden?

Als ich kurz darauf im Schatten auf meiner Liege lag, hört ich das Scheppern eines Tellers und sah eine schwarzgrauweiß melierte, verstruppte, räudige klepperdürre Katze mit verkrusteten Ohren die blanken Teller noch blanker lecken. Ich war auf der Stelle gerührt, machte eine Bewegung, wollte aufstehen und das Futter nachfüllen, da war sie auch schon weg. Ich wusste aber, das Futter würde siegen, füllte den Teller, legte mich auf die Liege und wartete. Ich hatte Zeit. Köstliche, freie, warme, duftende Urlaubszeit. Und das mitten im Mai.

Es dauerte, aber dann bemerkte ich den ge-
huschten Schatten, hörte den Teller rutschen,
den dieses hungrige Tier heftig vor sich her-
schob, ich hörte sogar das Schmatzen und andere genießerische Geräusche. Oh, wie gerne
hätte ich dieses verstruppte Fell gestreichelt, die
Ohren gekrault, das Schnurren an der Kehle gefühlt, das genussvolle träge Schließen der Augen
beobachtet, nicht ganz, eher so halb chinesisch,
ich kenne mich aus, ich bin die beste Katzen-
kennerin der Welt.

Nachdem nun wirklich kein einziges Atom auf
dem Teller mehr zu finden war, beäugten wir uns
lange. Ich erprobte meine allerliebste, streichel-
zarte Katzenliebkosungsstimme, säuselte erfundene Wörter aus meiner erfundenen Katzen-
sprache, und das Tier entspannte sich, rollte sich
neben dem Teller zusammen und begann zu
dösen.

Plötzlich wusste ich sehr genau, dass es gar
keine Katze war, sondern ein Kater. Ich wusste
es einfach. Wahrscheinlich war er der Vater der
Katzenbabys da unten am Strand. Er kam nun
jeden Tag. Immer erst, nachdem die satten

Katzenmütter wieder bei ihren Babys waren. Ich wagte es und stellte den Teller jedes Mal etwas näher an meine Liege. Und jedes Mal blieb er etwas länger. Ich nannte ihn Shadow, und er hatte nichts dagegen. Ich merkte mir genau, welches Futter er bevorzugte, welches er nur halbherzig fraß, welche Worte er besonders mochte, und begann ihn heftig zu lieben. Der Abstand war bald so gering, dass er einmal aus Versehen den Teller unter die Liege schob, auf der ich lag. Und so kroch er darunter, und bald darauf konnte ich ihn schnurren hören. Es war genauso einlullend wie das Singen der kleinen Wellen unten am Strand, und ich träumte mich davon an einen Ort, da lebte eine schöne Prinzessin (*ich*) und ein hässlicher, liebreizender, klapperdürrer Kater, und sie schenkten sich ihr Herz und liebten sich bis ans Ende der Welt. Jeden Tag lag der verwunschene Prinz auf dem wunderschönen Bauch der wunderschönen Prinzessin, und sie streichelte seine verkrusteten Ohren und das raue, struppige Fell mit den kahlen Stellen dazwischen, und er streckte sich genüsslich, und beide atmeten voller Inbrunst den Frieden und die Schönheit dieses Augenblickes ein ...

Etwas holte mich plötzlich aus diesem köstlichen Moment zurück. Eine feuchte Nase stupste mich an, eine grauweiße Pfote wurde lang und länger bis an meinen Hals, und ich wagte nicht, mich auch nur einen winzigen Millimeter zu bewegen. Shadow hatte Platz genommen. Auf meinem Bauch, in meinem Traum und in meinem nicht geträumten Leben. Er blieb immer vorsichtig, aber war ich genügend lange still und ruhig und geduldig, so blieb er eine Weile auf meinem Bauch liegen und schenkte mir sein Vertrauen. Und seine Zuneigung. Ich schenkte ihm gekonntes Streicheln und meine ganze Liebe.

Das ist jetzt schon eine ganze Weile her. Aber immer mal wieder huscht dieser Kater wie ein Schatten in meine Erinnerung. Ein Schatten, den ich gerne ins Licht zurückhole.

Er antwortete nicht – er hatte die Antworten vergessen. Ich liebte ihn. Vielleicht würde er bestraft, so wie meine Schwester und ich, wenn wir vergesslich waren? Vielleicht schämte er sich auch?

Paul Klee (1879–1940), «Vergesslicher Engel», 1939

Vergesslicher Engel

Ich dachte immer, Engel seien vollkommen. Sie können fliegen, sie können uns erscheinen, sie wissen alles, sind sanftmütig, unerschrocken und immerzu bereit, uns vor Unheil zu bewahren. Wie sehr hat mich damals der kleine Engel von Paul Klee erschüttert, der bei einer Freundin in der Diele gerahmt an der Wand hing. Unter diese gerahmte Strichzeichnung hatte jemand sehr deutlich *Vergesslicher Engel* geschrieben.

Ich war wohl acht oder neun Jahre alt und hatte von Kunst keine Ahnung. Die einzigen Bilder, die ich kannte, waren die Ölbilder meines Vaters: Pferde im Gewittersturm und Ähnliches. Die hatte er fein säuberlich durch ein angelegtes Raster von einem Kunstdruck abgemalt. Und das konnte er großartig.

Nun plötzlich dieser Engel. Keine Farbe, kein Heiligenschein wie in der Kirche, kein Kind an der Hand, das er über einen schäumenden, gefährlichen Bach führt wie bei meiner Tante über dem Bett. Ich war sprachlos. Und dass er vergesslich war, das hat mich schwer umgehauen. War er nun aus dem Himmel verstoßen? Hatte er etwa den Weg in den Himmel zurück vergessen? Oder etwa das Kind, das er beschützen sollte? Er sah sehr, sehr nachdenklich aus, dieser Engel. Seine Augen ruhten auf seinen leeren Händen. Hatte er etwas verloren? Aber was?

Ich ging sofort in Kontakt zu ihm. Ich fragte ihn aus, ich wollte alles wissen. Er antwortete nicht – er hatte die Antworten vergessen. Ich liebte ihn. Vielleicht würde er bestraft, so wie meine Schwester und ich, wenn wir vergesslich waren? Vielleicht schämte er sich auch?

Ja, auch so etwas wie Scham konnte ich in meiner Fantasie erkennen. Und auch Traurigkeit. Verlorenheit. Und wenn ich ihn mal unbeobachtet länger betrachten konnte (heimlich, heimlich), so stellte ich mich ganz dicht hinter ihn, ich flüsterte ihm liebe Worte ins Ohr, dabei schielte ich in seine Hände, um dort vielleicht sein großes Geheimnis zu entdecken. Sah es nicht aus, als hielte er ein kleines, hilfloses Tierchen, ein Küken, vielleicht noch im Ei? Und hatte er vielleicht genau dieses verloren? Oder sorgte er sich, weil er vergessen hatte, sich die Hände zu waschen? Manchmal streichelte ich ihn auch. Seine Flügel waren nicht weich und flaumig, sondern spitz und standen sehr gerade hoch. Hatte er etwa seine Federn verloren und nun vergessen, wo?

Diese kindlichen Fragen änderten sich und verwandelten sich in andere, erwachsenere Fragen, als ich mich später in meinem Kunststudium mit Paul Klee beschäftigte. Seine wunderbare Engelserie begann er, als er schwer erkrankte. Und ich bin sicher, dass nun die Engel sein Thema aus vielen Gründen wurden. Und ich fragte mich, ob er sich fragte, ob sein Engel ihn wohl vergessen hatte? Oder war Klee, was ich glaube, trotz dieses Schicksalsschlags in der Lage zu Heiterkeit? Machte er diesen Engel zu einem menschlichen Engel mit kleinen Schwächen, sodass er uns näherkommen kann, weil er uns ähnlich wird? Ist er vielleicht gerade überfordert mit seinen himmlischen Aufgaben, so wie wir Menschen uns mit dem Leben oft überfordert fühlen? Seine Ärmchen sind dünn, aber er sieht nicht kraftlos aus, seine Hände sind wie bei einer Meditation gehalten, als sammelten sie Kraft und Konzentration. Oder als sammelten sie eine große Stille. Vielleicht überdenkt dieser Engel auch sein Engelsein ...

Viele Jahre später, in einer großen Klee-Ausstellung, begegnete ich ihm aufs Neue. Und wieder die alten Rätsel. Und wieder ein paar neue. Dieser Engel verstört mich. Und dieser Engel trifft mich mitten ins Herz. Aber ist es nicht genau das, was Engel immer tun? So wie die Kunst?

Da steht er direkt hinter mir
und lächelt. Dieses Antonio-
Banderas-Lächeln, das das
Eis in den Cocktailgläsern der
Ladys um mich herum zum
Schmelzen bringen würde.
Ich drehe mich um, meint er
jemanden hinter mir?

Augenblicke

Warum war ich nicht zehn Jahre jünger? Oder mehr? Eigentlich kümmert mein Alter mich nicht besonders, aber nun beunruhigt es mich, ich stehe ihm gerade nicht treu zur Seite. Ich merke, wie ich immerzu Blicke auf den Mann werfe, der in dem ganzen Gewusel der überfüllten Hotelhalle etwas in mir zittern lässt. Er ist groß, ein Bär, ich liebe Bären, er hat Honigaugen und ein gemütliches, großherziges Lächeln in den Mundwinkeln.

Jajaja, ich weiß, ich interpretiere da was hinein, das meine längst vergessen geglaubte Sehnsucht plötzlich auf bunte, wehende Fahnen webt. Geborgenheit, Vertrauen, warme Arme, Frieden. Angenommensein. Ach du lieber Schreck, habe ich das alles tatsächlich so stark vermisst, dass ich nun mit meinen Blicken einem mindestens zehn Jahre jüngeren Mann folge? Mit jüngeren Männern hatte ich nie etwas am Hut. Jetzt im Alter erst recht nicht. Viel zu anstrengend. Ich kenn mich doch, ich würde mich immerzu vergleichen, mich messen mit jüngeren, glatten, geschmeidigen Frauen, wäre verunsichert bis in die letzte Zelle. Trotz Alter immer noch blöd. Aber, aber ... Wenn tatsächlich das Vertrauen hinzukäme, wäre dann nicht ...

Ich beginne mit mir zu schimpfen, ich hadere, ich schaue mich um, wo ist er gerade, da steht er direkt hinter mir und lächelt. Dieses Antonio-Banderas-Lächeln, das das Eis in den Cocktail-gläsern der Ladys um mich herum zum Schmelzen bringen würde. Ich drehe mich um, meint er jemanden hinter mir? Da ist niemand. Aber meint er wirklich mich? Niemals! Aber, aber ... Doch, er tut es. Wir blicken uns an, nicken uns gleichzeitig zu, wir erkennen uns, ich lehne mich an ihn, ich bin angekommen, und ein tiefer Frieden hüllt mich in eine warme Decke.

Ich erwache. Und bin zutiefst erschüttert, weil dieses Gefühl so mächtig ist, dass mir die Tränen kommen. Es trägt mich durch den ganzen Tag, durch den nächsten, noch eine Zeit lang. Und lässt mich nachdenken über mein Leben, meine Stärken und Schwächen. Wo ist mein Selbstbewusstsein, wie definiere ich mein Frausein, was machen plötzlich diese Sehnsüchte in meinem Leben, welch verschlossener Kiste sind sie entschlüpft?

Ein paar Tage später suche ich im Supermarkt eine bestimmte Nudelsorte und bin überwältigt von der Auswahl in den Regalen. Das Wort *dekadent* fällt in meinen Kopf, da steht plötzlich ein ziemlich hübscher, weitaus jüngerer Mann neben mir, er betrachtet wie ich immer wieder die viele Sorten, aber er betrachtet auch immer wieder mich. Unauffällig. Aus den Augenwinkeln. Das merke ich, das fühle ich, es macht mich unruhig. Ich greife nach irgendeiner Tüte und verschwinde im nächsten Gang. Bei den Zucchinis steht er mir gegenüber und betrachtet die Äpfel. Die Äpfel. Und mich. Mich. Und die Äpfel.

Ich werde nervös, er sieht gut aus, ohne Frage, kein Bär, eher ein Bärchen, aber liebe Augen hat er auch. Lieb? Oder spitzbübisch? Ich fass es nicht, dass ich nun auch immerzu hinüberäugle, das darf doch nicht wahr sein. Ich will an der Frischetheke noch etwas Käse kaufen, und schon ist er wieder neben mir, verlangt Appenzeller von der zweiten Verkäuferin, und ich werde hellwach. Den wollte ich auch gerade kaufen. Was läuft hier?

Wir betrachten uns plötzlich, peinlich, peinlich, einen winzigen Moment gleichzeitig und schauen schnell wieder weg. Ich denke so Sachen wie *meine Wimperntusche hängt mir bestimmt gerade unter den Lidern,* oder so Zeugs wie *mein Gott, du hättest den hübschen Mantel anziehen sollen und nicht diese blöde alte Jacke,* ich fahre nervös über meine Frisur und erkenne, dass ich ein närrisches, altes Weib bin.

Ich bin eher fertig als er, ich belasse es bei dieser einen Käsesorte, ich kann nicht länger neben ihm stehen. Ich greife zur Schokolade, zu der teuren, ich stöbere nach meinen Lieblingskeksen, gleich zu Hause würde ich sie brauchen, die guten alten, bewährten Trösterinnen. Ja, trösten, das können sie. Zumindest für eine kleine Weile.

An der Kasse steht er plötzlich hinter mir, und mein Traum wird so stark gegenwärtig, dass ich mich umdrehe. Ich schaue ihn direkt und lange an. Er schaut zurück. Er lächelt und sagt: «Sorry, es tut mir leid, dass ich sie so anstarre. Aber die jüngere Schwester meiner Mutter sah aus wie sie. Es war meine Lieblingstante.»

Ist das nun gut? Ist das nun schlecht? Ich reiß mich zusammen, lächle und kann irgendwie erleichtert sagen: «Da bin ich aber froh ... ich meine, hm, hm, dass sie nett war.»

Die Schokolade zu Hause musste herhalten.

«Mein Sohn ist bei Auto-Amt.
Ich Handy ...»
Sie telefoniert, und meine
innere Unruhe, meine
Ungeduld, mein Fremdsein
fallen von mir ab wie ein
Mantel, der von der Schulter
gleitet.

Der Himmel, nur um die Ecke

Ich fluche vor mich hin. Schon wieder ist ein Paket für mich einfach wieder zurückgegangen, weil die Zusteller meine neue Wohnung in dem wunderschönen Wohntrakt, der komplett unter Denkmalschutz steht, nicht gefunden haben. Eine Hausnummer für viele Eingänge. Wer hat da schon die Geduld, zu suchen ...

Jetzt muss ich irgendwo hinfahren und es irgendwo abholen. Ich bin sauer. Ich kenne mich in meinem neuen Umfeld noch nicht aus, ich entdecke es gerade erst. Und so beschließe ich, das Sauersein zu lassen und einfach neugierig herauszufinden, wo dieser Sky Grill ist. Hört sich doch gut an: SKY GRILL.

Hier im Ruhrpott haben Änderungsschneidereien, Imbissbuden und manchmal abenteuerliche kleine Läden diesen Abholservice übernommen. Ich fahre los und entdecke Nebenstraßen mit den typischen grauen Häusern plus winziger Vorgärten, ich entdecke alte, schöne Villen, Metzger, Bäcker, Apotheke und Super-

märkte und merke plötzlich ein erstes, auf-
keimendes «Heimatgefühl». Ja, ich werde hier
wohnen und mich angekommen fühlen und
dazugehören. Ja, das werde ich. Bestimmt. Ich
ertappe mich bei einem Lächeln. Kurze Zeit
später finde ich den Sky Grill zwischen einem
türkischen Herrenfriseur und einem marokka-
nischen Supermarkt – und, o Glück, gegenüber
ist eine Filiale meiner Bank. Bisher wusste ich
von keiner in diesem Stadtteil.

Als ich die Tür zu diesem «himmlischen»
Grill öffne, schnuppere ich. Es riecht köstlich.
Eigentlich ist es kein besonders gemütlicher
Raum, kleine Plastiktische mit Plastikstühlen,
ein tristes Licht und eine Theke mit der Speise-
karte an der Wand dahinter. Aber dieser wunderbare Geruch. In der hintersten Ecke hat man
drei Tische zusammengeschoben, zwei ältere
türkische Männer sitzen vor einem Berg von
Köstlichkeiten, viele, viele Teller sind gefüllt
mit Speisen, die wunderbar aussehen und wohl
auch so schmecken. Sie nicken mir freundlich
zu, und dann essen sie weiter.

Eine ältere Frau mit Kopftuch huscht aus der

Küche hinter die Theke, die ist so hoch, dass ich fast nur einen Zipfel ihrer Kopfbedeckung sehen kann. Aber die Salatbar ist niedriger, und dort strahlt sie mich an.

Ich zeige auf meinen Abholschein, und sie zieht die Nase kraus. Sie schaut mich etwas betreten an. «Ich nicht wissen», sagt sie. «Mein Sohn ist bei Auto-Amt. Ich Handy ...»

Sie telefoniert, und meine innere Unruhe, meine Ungeduld, mein Fremdsein fallen von mir ab wie ein Mantel, der von der Schulter gleitet. Der Raum ist wirklich nicht schön, aber er hat einen Frieden, der mich sanft werden lässt, und ich hole tief Luft. Das Wohlfühlen war mir in letzter Zeit durch den Umzugsstress verloren gegangen. Einer der beiden Männer dreht sich zu mir um, und ich wünsche ihnen einen guten Appetit. Da zeigt er auf den üppigen Tisch und sagt: «Nehmen Sie Platz, bitte schön. Essen Sie mit. Ist alles sehr gut!»

Oh, wie gerne würde ich es tun. Aber tut man das? Ich bin ein blödes altes Weib, stelle ich betroffen fest, immer noch unfähig, überholte Erziehungsmuster loszulassen. Ich schüttle beklommen den Kopf und sage ein Dankeschön.

Die alte Dame hält mir das Handy hin. «*Sohn*», sagt sie, und eine junge Stimme redet mit mir in einem perfekten Deutsch und erklärt, dass seine Mutter die Vertretung übernehmen musste, er sei auf dem Straßenverkehrsamt.

Ich muss lachen und erkläre, dass ich diesen Gang auch gerade hinter mir habe, ich sei ganz neu hier. Wir beide sind sofort einer Meinung, dass das Warten bei dieser Behörde, wie er sagt, «voll ätzend» sei.

Dann erklärt er wohl seiner Mutter, was zu tun ist, und ich beschließe, ein sehr frühes Mittagsmahl hier einzunehmen. Eigentlich esse ich mittags nie etwas, immer erst abends in aller Ruhe, aber etwas hält mich an diesem Ort, und es ist nicht nur der köstliche Essensduft. Ich bestelle einen Tee und eine türkische Pizza mit Hackfleisch. Die Preise sind überwältigend niedrig.

Der freundliche ältere Herr, der mich eingeladen hat, steht auf, verschwindet in der Küche und kommt mit einem Teeglas zurück. «Geschenk», sagt er.

Wir lächeln uns an. Wir mögen uns.

Etwas später kommt ein sehr großer Teller mit einem Berg von Pizzastücken, und ich bin überzeugt, dass zwei oder drei Pizzen klein geschnitten worden sind, ich kann es kaum glauben. Die Pizza ist knusprig, saftig, herrlich aromatisch, und ich esse den Teller blitzblank.

Ich könnte aufspringen und diese Menschen alle ans Herz drücken, so überraschend wohl fühle ich mich an Leib und Seele. Ich lobe die Köchin, die strahlt.

«Alles *ich*», sagt sie.

«Alles frisch», ergänzt der nette Mann, und ich lobe diesen Sky Grill voller Inbrunst.

«Einfach himmlisch», sage ich. Ich werde bestimmt öfter kommen. Das erkläre ich ihnen. Und sie nicken voller Freude. Als ich für diesen Berg von Essen nur zwei Euro fünfzig zahlen soll, bin ich fassungslos. Ich vergesse nun tollkühn meine alten Erziehungsmuster und werfe der älteren Dame und den beiden Herren beim Verlassen eine Kusshand zu. «Bis bald», verspreche ich und winke mit meinem Päckchen.

Der Himmel. Wirklich nur um die Ecke.

*Sie tragen ihre kleinen
Rucksäcke, unter den sie eine
Decke geschoben haben, die
rechts und links herunterhängt.
Sie sehen aus wie sonderbare
Tierchen mit erschöpften
Flügeln.*
*«Wollt ihr ausreißen?», frage
ich.*

Der Nase nach

Es klopft zaghaft. Eigentlich wissen alle um mich herum, dass ich gerade in einer heftigen, nicht zu störenden Schreibphase bin, und nehmen darauf Rücksicht. Aber jetzt beschließe ich auf der Stelle, dass ich unbedingt und sofort Menschen sehen will. Katzen, Hunde, Hühner auch. Alles, was lebt und Töne macht. Ich schaffe es nämlich nicht, meine Hauptperson sterben zu lassen. Sie müsste längst tot sein. Ich sitze schon stundenlang regungslos vor meinem PC. Also springe ich zur Tür, reiße sie erleichtert auf und sehe *niemanden*. Ich will die Tür wieder schließen, denke, dass ich schon so wirr im leeren Kopf bin, dass ich halluziniere, da sehe ich aus den Augenwinkeln eine gehuschte Bewegung. Da will wohl jemand nicht gesehen werden. Ich tue so, als ob ich die Tür wieder schließe, und da kommen sie schon um die Ecke, Jonas, sieben, und Viktoria, vier. Meine absoluten Lieblingsnachbarkinder auf dem Hof an der Schlei.

Sie erschrecken, als sie mich sehen. Sie hatten wohl vergessen, dass ich nicht gestört werden wollte.

Ich sage: «Gut, dass ihr geklopft habt. Ihr habt mir das Leben gerettet!»

Sie reißen die Augen auf.

«Ich hatte keine einzige gute Idee mehr in meinem Kopf. Ich glaube, ich habe ihn ganz leer geschrieben.»

Sie nicken, und ich staune sie an. Jonas hat den Großvaterhut auf und einen dicken Stock mit einem Bündel über der Schulter. Viktoria auch. Sie tragen ihre kleinen Rucksäcke, unter den sie eine Decke geschoben haben, die rechts und links herunterhängt. Sie sehen aus wie sonderbare Tierchen mit erschöpften Flügeln.

«Wollt ihr ausreißen?», frage ich.

«Nö!», sagen sie unisonso. «Wir wollen in die weite Welt.»

«Jetzt sofort?», frage ich.

Jonas flüstert: «Aber Großvater hat gesagt, wir sollen noch etwas damit warten.»

«Will ich aber nicht», sagt Vicki, sie stellt sich auf ihre Zehenspitzen. «Komm doch mit!

Jonas hat nachts immer Angst!» Jonas schubst sie empört.

«Ich habe auch manchmal im Dunkeln Angst», gebe ich zu.

Viktoria sagt leise: «Ich auch.»

Nun gut, drei Angsthasen wollen in die weite Welt. Ich packe in Windeseile meinen Rucksack für die Weltumschreitung, guten Ratschlägen folgend: Decke, Kekse, Kekse, Kekse, eine Limo, Taschenlampe und ein Seil. Ein Seil?

«Großvater sagt, ein Seil kann man immer gebrauchen.»

Ich habe kein Seil, aber Bindfäden. Beide nicken. Bindfäden sind okay. Noch das Taschenmesser, falls wilde Tiere kommen. Und den Anorak. Dann aber los.

Immer der Nase nach, sagt Jonas, als wir das Tor erreichen, und seine Nase zeigt nach links. Auf geht's. Dann zeigt Viktorias Nase nach rechts, und wir biegen auf den Treckerspuren in das Rapsfeld ab. Dann müssen wir die erste Pause machen, dann will Viktoria kuscheln, Jonas will einen Apfel. Er fragt, wie weit die große weite Welt eigentlich ist, und ich zeige bis an den

Rand um mich rum und sage: «Und noch viel weiter.»

«Nachts schlafen wir aber», sagt Viktoria plötzlich mit kleiner Stimme.

«Ja, das tun wir», sage ich nachdrücklich. «Wir suchen uns ein schönes Plätzchen und halten uns im Arm.» Sie nicken.

Plötzlich hören wir einen Traktor, der Bauer hält am Feldrand und schreit, was wir mitten im Raps zu suchen hätten. Jonas kennt den Bauern, rennt zu ihm hin, zeigt ihm stolz sein Bündel und erklärt und erklärt, ich kann ihn nicht verstehen, aber der Bauer grinst und nickt und zeigt entschieden in die andere Richtung.

Jonas kommt zurückgelaufen. «Da lang!», schreit er. «Wir sind falsch.»

Nun gut, dann eben durchs Haferfeld. Ich weiß, dass wir das umrunden können und hinter meinem Häuschen wieder rauskommen. Schlauer Bauer. Als die beiden das Häuschen sehen, ist es beschlossene Sache. Die große weite Welt ist zu groß. Großvater hatte recht. Sie werden warten. Ich bin einverstanden. Jetzt gibt es erst mal Kekse.

Ich krame zwischen den
Nasen und probiere eine scharf
gebogene mit grotesker Warze,
da sehe ich plötzlich direkt
neben mir Hosenbeine, und
dann sitzt jemand in der Hocke
mir gegenüber und raunt: «Bist
du eine Hexe?»

Einfach magisch

Ich sitze vor einem großen Pappkarton, in dem sich eine wilde Unordnung befindet: Falsche Nasen in allen Größen, Gummibrillen, sonderbare Ohren, Bärte in allen Farben, riesige Gebissteile, die einen das Fürchten lehren, selbst blutige Finger oder erschreckend echte Glubschaugen, hier in diesem Karton liegen die Körper- und Zubehörteile, die mich entzücken.

Ich hocke auf dem Boden dieses Ladens, der mitten in Bochum schon oft meine Rettung war, wenn ich solch absonderliche Requisiten für meine Theaterstücke brauchte. Eigentlich ist es ein großer Fahrradladen, aber er hat auch mittendrin in einem Regal die unglaublichsten Zutaten zum Erschaffen einer märchenhaften oder gespenstischen Welt. Ich liebe es, hier zu kramen und zu wundern und angeregt zu werden. Ich schreibe gerade ein Monsterstück, drei Monster treiben darin ihr Unwesen, aber das nur, weil sie ihr Liebes-Gen verloren haben. Das sie aber mithilfe der Kinder und mir, der

Professorin Lilli Bazilli, nach vielen Verwicklungen und einigen Hypnosen noch im allerletzten Moment zurückerhalten werden. So die Grundidee. Für mein Labor auf der Bühne finde ich wahre Schätze, sogar ein krumpeliges Gehirn, das werde ich schön alles in Gläser füllen, und die Kinder werden köstlich erschauern. Um mich herum gehen die Kunden wie um eine kleine, verwunschene Insel und lassen mich in Ruhe. Das liebe ich an diesem Ort besonders. Er hat seine eigene Magie.

Ich krame zwischen den Nasen und probiere eine scharf gebogene mit grotesker Warze, da sehe ich plötzlich direkt neben mir Hosenbeine, und dann sitzt jemand in der Hocke mir gegenüber und raunt: «Bist du eine Hexe?»

Ich blicke auf. Seine Augen sind in Höhe meiner Augen. Junge, verschmitzte Augen. Ich grinse sie sofort an. Sie zwinkern zurück. Ich setze meinen Verschwörerblick auf und murmle: «Ja, bin ich. Sag's nicht weiter, Fremder.»

Er murmelt zurück: «Ein Geheimnis?» Er blickt sich theatralisch um und flüstert: «Ich bin ein Eingeweihter der Schätze des Waldes.»

Ich frage neugierig: «Was führt dich an diesen magischen Ort?»

Er rückt näher. «Fliegenpilze», murmelt er, schaut sich wieder um und haucht: «Ich bin der Hüter der Fliegenpilze. Du weißt sicher um ihre besonderen Kräfte?» Er zieht einen Plastikfliegenpilz aus dem Karton und reicht ihn mir: «Bei Vollmond in Scheiben geschnitten, aufgefädelt und übers Bett gehängt, erzeugen sie geheimnisvolle, erleuchtende Träume.»

Ich tue so, als wäre ich überzeugt. «Wie ist dein Name, Meister?», frage ich ihn.

«Mirakolix», grinst er. «Und deiner?»

Upps, wie soll ich heißen? Keine Ahnung, keine Idee. «Orakelia», sage ich plötzlich mit Überzeugung. Meine falsche Nase wippt. Er nickt bejahend. Ich greife seine mindestens zwanzig Jahre jüngere Hand und verkünde: «Du wirst ein langes, reiches Leben haben, Fremder. Alles was du beginnst, wird dir gelingen.»

Wir müssen beide kichern und tauschen Adresse und Telefonnummern. Er studiert in Bochum, und ich bekomme bald darauf einen dicken Umschlag mit kopierten Seiten über

alte Fliegenpilzrezepte. Ich habe sie nie aus-
probiert. Meine Wohngemeinschaftsfreundin
schon. Ihr Freund war ganz scharf darauf. Und
bei Vollmond tanzten, wie sie am Morgen danach
glaubhaft versicherten, die buntschillerndsten
Träume durch ihren Schlaf. Ich habe diese Kette
mit den Fliegenpilzscheiben über ihrem Bett immer misstrauisch beäugt. Irgendwann hat mein
Kater sie runtergeholt. Da habe ich sie verschwinden lassen …

Von Mirakolix habe ich Jahre später in einer
namhaften Zeitschrift einen spannenden Artikel über Schamanismus gefunden. Auf dem
Foto sah er munter aus.

Möge mein Orakel sich erfüllen!

Natürlich blickte ich dann doch zum Bildschirm und sah einen sympathischen, grau gelockten älteren Herrn, der mir irgendwie bekannt vorkam und der sehr genau die Dinge sagte, die ich selbst schon oft gefühlt oder gedacht hatte.

Plötzlich ist alles anders

Immer hatte ich gedacht, dass mich im Alter die große Weisheit, eine unglaubliche Gelassenheit und eine sanfte Milde sehr erhaben sein lassen würden. Du lieber Himmel, da lag ich aber voll daneben. Seit ich im Frühjahr über eine schlichte Bürgersteigkante wie ein gefällter Baum gestürzt war, wurde ich ein grantiges, altes Weib. Mein rechter Arm war dick wie ein Elefantenbein, und mein linkes Knie beschloss zwei Wochen später, einfach mal für eine unbestimmte Zeit in Rente zu gehen.

Ich humpelte also durch die Gegend, fühlte mich zum ersten Mal so alt, wie ich tatsächlich war, und bekam einen Vorgeschmack auf eventuell nötige Pflege im «richtigen» Alter. Ich haderte mit allem – ich meckerte, motzte, grantelte herum, mochte keine und niemanden, selbst mit meinem Verlag, den ich sehr schätze, fing ich Stress an, und ich war am grantigsten mit mir selbst. Ich verzog mich an die Schlei, um mich von diesem bescheuerten «Missgeschick» und von all den superblöden Menschen um mich herum zu erholen. Ich murrte mich durch die stillen Tage dort, fühlte mich unverstanden, seltsam fremd in mir und sehr unruhig. Und dann geschah etwas, das mich tatsächlich wach «rüttelte». Ich saß in meinem Strandkorb und grummelte vor mich hin, als ich eine liebevolle Berührung spürte, sanft an den Schultern, und etwas sagte sehr klar in mir drin: «So willst du doch nicht wirklich sein. So bist du doch gar nicht.»

Ich heulte so heftig los, dass die Schlei kleine Nebenarme bekam. Ich dankte dem Derdiedas und beschloss auf der Stelle, mit dem Grantigsein aufzuhören. Sofort ging es mir besser. Etwas sehr Liebevolles spürte ich um mich herum. Ich stand auf, packte meine Koffer und fuhr sofort nach Hause, wollte ich doch nun diese neue Sanftheit mit meinen Mitmenschen dort teilen. Auch waren ein paar Entschuldigungen fällig.

Zwei Tage später, es war ein Sonntag, beschloss ich, einen Kuchen zu backen, zum Kaffee einzuladen und einen schönen Nachmittag zu haben. Während ich alle Zutaten zusammensuchte, machte ich den Fernseher an. Das tue ich eigentlich nie an einem Vormittag. Und beim Kochen oder Backen lege ich meistens Musik auf, vielleicht Chet Baker oder Beth Hart. Ich schaute gar nicht hin, ich wollte nur Stimmen hören, aber natürlich blickte ich dann doch zum Bildschirm und sah einen sympathischen, grau gelockten älteren Herrn, der mir irgendwie bekannt vorkam und der sehr genau die Dinge sagte, die ich selbst schon oft gefühlt oder gedacht hatte. Und die keiner wusste. Wieso wusste er so genau davon? Ich wurde neugierig. Der Kuchen musste warten.

Dieser Herr sah mir lieb in die Augen und sagte: «Und dann kam der Moment, wo mir klar war, dass ich mich nicht leiden konnte. Ich war ein schrecklicher Typ.»

Hä? Wer bist du? Dachte ich. Woher kennst du mein Leben? Da tauchte Denis Scheck auf, er interviewte André Heller, mit großer Ehrfurcht, das war zu spüren. Ich war fassungslos. André Heller – nicht zu glauben. Ich war immer sehr beeindruckt von seinen Projekten, seinen wundersamen Gärten, dem zauberhaften Zirkus gewesen, aber ihn selbst fand ich schnöselig und ziemlich arrogant. Und dieses Wienerisch. Brrr! Jetzt hätte ich ihn sofort zum Kuchen eingeladen und liebend gerne mehr von ihm erfahren. Stundenlang.

Ein Seelenverwandter taucht sehr selten in einem Leben auf, und schon mal gar nicht auf dem Bildschirm des Fernsehers. Aber es war gerade passiert. Ich hing an seinen Lippen, ich erfuhr, dass auch er Schriftsteller ist (sag ich doch, Seelenverwandter), und sein neues Buch wurde von Denis Scheck sehr gelobt.

Ich kaufte es am anderen Tag, es hat mich beglückt. *Das Buch vom Süden** ist leidenschaftlich, verrückt, weise und ein Genuss. Gut, dass ich an diesem Sonntag auf Chet Baker verzichtet habe.

---

* André Heller, *Das Buch vom Süden*. Roman, Paul Zsolnay Verlag, Wien 2016.

*Die Zeit sinkt in den Honig
dieser schweren Luft und
verharrt. Die Zikaden
verstummen eine nach der
anderen. Die alte Frau hält
immer wieder inne, streicht
sanft über die Inschrift, schlägt
ein Kreuz, küsst die kleine
Bürste und fährt fort.*

Schattenorte

Es ist ein heißer Augusttag. Der schmale Weg mit Thymian und Rosmarin am staubigen Rand schlängelte sich den Berg hoch. Ich keuche, ich bin nass geschwitzt, aber nun, hier oben, mit der gewaltigen Aussicht über den Luberon, werde ich für alles entschädigt.

Hier spielt das Licht mit den Schatten der Pinien, und die Zikaden zerhacken die Zeit in winzige Teilchen. Die Zypressen zeigen stumm zu dem Ort, an dem die Toten gerne ankommen würden nach ihrer langen Reise durch die vielen Räume, die sie selbst erschaffen haben. Manche ausgeschmückt mit Farben und üppigen Ornamenten, erfüllt mit frohen Klängen oder aber mit Kargheit, Staub oder gar Unrat und Geseufze. Das alles erklärt mir in einem melodisch klingenden Deutsch der junge, eifrige französische Pater des nahen Klosters. Ich nicke, sage oui, oui, weil mir dieses Bild gut gefällt und so stimmig erscheint, als er plötzlich innehält, den Finger auf den Mund legt und mit dem Kopf zur Seite zeigt.

Dort, etwas weiter, auf dem grellen Platz mit den alten Grabsteinen zwischen einzelnen Wacholdersträuchern, nähert sich eine sehr alte Frau, schwarz wie ein nächtlicher Schatten, einem Grab, das mir schon bei meinem letzten Besuch aufgefallen war. Bunte Plastikblumen umsäumen den Grabstein, der als einziger einen blühenden Oleanderbusch an seiner Seite hat. Seine Inschrift hat mich stark berührt: Sophie-Marie, steht dort, 7.6. – 2.8.1951.

Die weißhaarige kleine Frau holt aus den Tiefen ihres weiten langen Rockes eine Milchflasche mit Wasser. Sie gießt konzentriert und hingebungsvoll die karge Erde um den Strauch und zupft seine vertrockneten Blüten ab. Aus einer anderen Tasche nimmt sie eine kleine, struppige Zahnbürste und beginnt gebeugt, die Inschrift des Steins von Staub und Piniennadeln zu säubern.

Die Zeit sinkt in den Honig dieser schweren Luft und verharrt. Die Zikaden verstummen eine nach der anderen. Die alte Frau hält immer wieder inne, streicht sanft über die Inschrift, schlägt ein Kreuz, küsst die kleine Bürste und fährt fort.

Ich würde gerne zu ihr gehen und sie still umarmen. Ich fühle mich schuldig, dass ich ihr in diesem innigen, schmerzvollen Moment zuschaue, und will mich entfernen, doch Pater Guillaume hält mich fest. Er faltet meine Hände und lächelt. Er hat sanfte, alte Augen in seinem jungen Gesicht. Auch er faltet seine Hände und nickt mir zu. Ich gehe einen Schritt tiefer in den Schatten der Pinien und schließe die Augen. Gibt es ein Gebet des Trostes für diesen Schmerz? Ich finde keine Worte, nur Bilder, die mich finden: eine Wiege sehe ich, sie ist leer, einen Krug und einen Brotlaib auf einem alten Tisch, Vorhänge, die sich aufblähen, und Schatten, die durch ein verdunkeltes Zimmer huschen. Ich höre einen Singsang, der alle Herzkammern mit Licht durchflutet, ich scheine ihn zu kennen, ich schluchze und summe ihn mit. Ich kreise dabei in einem schweren Blau in mir selber. Dann falle ich in eine so plötzliche und mächtige Stille, dass ich erschrecke. Als ich die Augen öffne, ist der Grabplatz leer. Pater Guillaume sitzt hinter mir im Schatten, die Hände im Schoß, die Augen geschlossen.

Die Zeit besinnt sich – Piniennadeln fallen, im Tal brummt ein Motorrad, die Zikaden singen, und im Kloster wird das Abendessen vorbereitet. Die Erde dreht sich wieder. – Ein leichter Wind kommt auf.

Die Pinien schwanken ein wenig, und die Zypressen stechen Löcher in den Himmel. Ich weiß nun bestimmt, durch diese können die Angekommenen herunterschauen. Es sind viele. Kinder und Alte. Sie lächeln.

Menschen, die mich kennen,
sagen durchaus von mir, ich
könne schrecklich nett sein.
Ich aber weiß, bin ich nicht
nett, bin ich schrecklich. Aber
natürlich bin ich nicht von
morgens bis abends so.

Bad Girl

Ich bin kein guter Mensch. An manchen Tagen denke ich, ich bin schrecklich. Wäre ich eine von mir erfundene Romanfigur, ich könnte mich nicht leiden. Ich wäre mir unsympathisch. Ich gehe an Bettlern vorbei und denke, ne, ne, heute nicht. Nicht schon wieder. Ich drängle mich an der vollen Theke vor, ich lasse kein Auto in die Schlange vor mir, ich antworte unwirsch auf eine freundliche Frage, ich beäuge neidisch meine Schwester in ihrem schönen neuen Pulli, ich bin ein böser Mensch.

An manchen Tagen. Menschen, die mich kennen, sagen durchaus von mir, ich könne schrecklich nett sein. *Ich* aber weiß, bin ich nicht nett, bin ich schrecklich. Aber natürlich bin ich nicht von morgens bis abends so. Es gibt auch frohe, liebevolle, helle Tage, an denen ich sogar über mich selber staune. Und das Nettsein genieße. Und die wunderbaren Reaktionen darauf. Es ist, als ob man einen Dominostein antippt, der alle weiteren in einer langen Reihe zum Kippen bringt, das Blödsein fällt zu Boden, und Wohlwollen und Nettigkeit richten sich bei mir und allen anderen wieder auf.

An einem sehr vollen, anstrengenden Tag muss ich noch unbedingt zur Post und ein wichtiges Einschreiben abgeben. Wie immer ist kein Parkplatz in Sicht, draußen regnet es, und ich habe keinen Schirm dabei. Da sehe ich die Rücklichter eines Autos in einer Parklücke direkt gegenüber der Post aufleuchten, ich kann's kaum glauben. Doch ein anderes Auto hat das wohl schon eher bemerkt. Aber Pech für den Fahrer, der auf der anderen Straßenseite länger abwarten muss als ich. Und hemmungslos fahre ich in die Lücke. Siegesgefühl erfüllt mich. Und ein schales anderes Gefühl, das kenne ich, das ist dunkel, klebrig, zäh und hartnäckig lästig. Ich eile über die Straße, der Fahrer hupt, ich hätte große Lust, ihm triumphierend den Stinkefinger zu zeigen, bremse mich aber noch in letzter Sekunde aus. O ja, Brigitte Werner, du wirst noch in der Hölle schmoren.

In der Post ist kurz vor Feierabend noch volles Programm. Drei Schalter von fünfen haben geöffnet, eine endlos lange Schlange geht fast bis nach draußen auf die Straße. Psychologisch gesehen ist eine einzige lange Schlange sehr, sehr niederschmetternd, drei kürzere sind irgendwie nicht so deprimierend. Das denke ich jedes Mal, wenn ich hier stehe. Andererseits habe ich nun nicht das blöde Gefühl, so wie immer genau in der langsamsten, falschen Schlange zu stehen. Ich trete ungeduldig von einem Fuß auf den anderen, Warten ist nicht meine größte Stärke, aber welche ist das überhaupt, habe ich überhaupt irgendwelche Stärken, ich könnte jetzt gut eimerweise Seufzer in diese stickige Halle kippen, das Leben ist ein einziges Jammertal und so weiter, da tippt mir jemand auf die Schulter und reißt mich aus meinem Badlife-Modus.

Ein dicklicher Mann mit endlos großen Geheimratsecken schaut zu mir auf. «Schämen Sie sich auch manchmal?», sagt er sehr laut. Die Köpfe vor mir fahren alle herum. Ich schäme mich auf der Stelle. Für ihn natürlich. Und mein Blut beginnt zu rasen. Ich könnte ihm voll eine scheuern, ich könnte vor Wut schnauben, ich könnte ihn verbal fertigmachen, ich könnte jetzt sofort meinen Rumpelstilzchentanz vorführen, so richtig schön wirbelnd und tobend.

Aber er hat mich voll erwischt. Ich weiß auf der Stelle, dass dieser kleine Mann der Fahrer des Wagens ist, dem eigentlich meine Parklücke zugestanden hätte. Mir fehlen die Worte, ich bin erschrocken, ich schäme mich nun tatsächlich, dass ich ein so grässlicher Mensch bin, ich räuspere mich, will was sagen, kriege immer noch kein Wort heraus, in meinem Mund wohnt ein klebriges kleines pelziges Tierchen, die Köpfe vor mir haben sich wieder zurückgedreht, aber ich sehe ihren Ohren an, dass sie auf eine Antwort warten. Der kleine Mann schaut hartnäckig in mein Gesicht. Ich schaue trotzig zurück. Aber mein Herz flüstert: *Jaja, du hast recht,* unhörbar, und plötzlich bekommt er lächelnde Heinz-Rühmann-Augen und drückt meinen Arm. «Schon okay», sagt er.

Ich schlucke an meiner Spucke, ich schlucke immer noch an meinen nicht mehr vorhandenen Worten, er lächelt weiter in meine Augen und sagt: «Also, wenn ich jetzt mal ganz ehrlich bin, weiß ich nicht, ob ich heute, an diesem schrecklich trüben Tag, nicht das Gleiche getan hätte ... Hier einen Parkplatz zu kriegen ist doch immer ein kleines Wunder ...»

Ein unhörbarer, aber lauter Seufzer der Erleichterung wandert durch die triste Posthalle. Ich habe den Eindruck, dass für den Bruchteil einer Sekunde alles tief ausatmet. Die Geräusche ziehen sich kurz zurück. Dann geht das Gemurmel wieder los, die Geschäftigkeit geht weiter. Ich möchte mich an ihn lehnen, ja, das möchte ich, ich fühle Tränen kommen. Ich kann ein ehrliches «Entschuldigung» flüstern, und ich murmle: «Ich bin nicht immer so.»

Ist das nun eine faule Ausrede, will ich mich gerade schönreden? Nein, tatsächlich bin ich nicht immer so. Manchmal ja, oft auch nicht.

Er lächelt dieses bezaubernde verschmitzte, verständnisvolle Lächeln. Ich bin vor ihm an der Reihe. Gerade als ich beschließe, ihn vorzulassen, bekommen wir gleichzeitig einen freien Schalter. Und wir sind gleichzeitig fertig. Ich sehe, dass er einen Schirm dabeihat. Ich traue mich, gehe zu ihm, hake mich unter und bin sehr sicher, dass er noch das kleine bisschen Zeit hat,

mit mir zwei Häuser weiter in meinem Lieblings-
buchladen mit dem schönen kleinen Café einen
Tee zu trinken, oder was immer er will.

Er nickt. Wir haben uns gut unterhalten. Er
heißt Karl und schreibt in einem Büro Rechnun-
gen, ich schreibe andere Dinge. Hin und wieder treffen wir uns in diesem Café. Ich komme
dann extra aus Bochum, er aus Castrop. Und
dann kann ich mal wieder ein nettes Mädchen
sein. Das Bad Girl hat dann Urlaub.

Ich denke so Zeugs wie: «Ja, die gute alte Zeit ...» – «Ach, das war noch gute Musik ...» und «Damals war alles viel besser», und erschrecke, als ich feststelle, dass ich ganz schön alt und blöde geworden bin.

Genau jetzt

Ich bin ein neugieriger Mensch, immer auf der Suche nach Geschichten, die sich in Gesichtern verstecken – in erlauschten Dialogfetzen, abends in erleuchteten Fenstern auf Abendbrottischen oder in Sofageschehnissen. Ich sitze gern in Cafés, in Parks und Bahnhöfen und beobachte, höre und fantasiere. Das tat ich schon als Kind gern: die ungeliebte Realität erweitern, köstlich machen, fremde Welten erfinden, die prall und leuchtend waren – friedlich, voller Liebe und Geborgenheit. Und reich an erregenden Abenteuern. Und dabei den eigenen Geheimnissen auf der Spur sein, die immer unter der Oberfläche meiner Alltagsgedanken wie kleine Vulkane vor sich hin glühten und ab und zu Feuer spuckten oder eine trübgraue, alles verhüllende Asche.

Die Geheimnisse der Welt lagen ja auch überall herum, die des Himmels und der Erde, der Menschen, Tiere und Pflanzen, die Rätsel um Gott mit all den Fragen und null Antworten und das große Geheimnis meines Ichseins.

Sitze ich im Auto und stehe in einem dieser verhassten Staus, so blicke ich stets unauffällig in die Autos neben mir, schenke den meist mürrischen Gesichtern eine Geschichte, ein neues Leben, das mir gefällt und ihnen hoffentlich auch. Das vertreibt mir die Zeit und spendiert mir manchmal gute Ideen, die ich dann in mein Handy spreche, um sie nicht wieder zu verlieren. Selten höre ich Radio. Das würde mich ablenken.

Aber an einem staubigen, müden Sonntagabend, die neue Woche lag wie eine endlose, ins Nirgendwo führende Straße vor mir, spürte ich das vertraute Unwohlsein, wenn Freude all ihre bunten Fahnen versteckt hält. Da drehe ich am Knopf meines Autoradios und höre Sting mit *Englishman in New York*. Ich denke so Zeugs wie: «Ja, die gute alte Zeit ...» – «Ach, das war noch gute Musik ...» und «Damals war alles viel besser», und erschrecke, als ich feststelle, dass ich ganz schön alt und blöde geworden bin. Das haben doch früher schon unsere Großeltern von sich gegeben, und wir haben dann genervt die Augen verdreht. Also verdrehe ich auf der Stelle gekonnt meine Augen, das kann ich gut, noch besser kann ich schielen, die Kinder kreischen dann immer entzückt.

Die Ampel springt auf Rot. Ich stehe an jener Kreuzung, an der man wirklich glaubt, die Farbe Grün wäre für immer im Universum verschwunden. Ich schaue ins Auto neben mir. Eine Lady im besten Alter (in meinem) schaut verdrießlich vor sich hin. Ich fühle mich ertappt und ziehe auf der Stelle meine Mundwinkel nach oben. Sie dreht am Knopf ihres Radios. Janis Joplin schreit aus den Boxen zu mir herüber. Die Lady scheint hoch erfreut, ich sehe, wie sie zu lächeln beginnt, ihr Mund öffnet sich, sie singt mit, und ich drehe an meinem Radio den Sender ein Stückchen weiter und höre nun auch Janis: *Freedom's just another word for nothin' left to lose ...* Ich lächle sofort auch, öffne den Mund und brülle mit. Synchron kurbeln wir zwei Damen die Fenster herunter und beschallen die Kreuzung: Der Bass dröhnt, wir wippen auf unserem Sitz, lauthals singend und strahlend. Wir schauen uns gleichzeitig an und grinsen. Ich versuche mein bestes Schielen, ein völlig begeistertes Schielen – und die Botschaft kommt an: Wir beide.

Wir haben's noch voll drauf. Da schielt sie zurück, und wir krümmen uns vor Lachen hinter dem Lenkrad. *Me and Bobby McGee*, brüllen wir. Halten die Daumen hoch, und dann schreie ich durch den Lärm: «und Brigitte». Sie stutzt. Dann schreit sie zurück: «und Erika». – Alles klar, Erika. Alles klar, Janis: *Feeling good is easy.* Jawoll!! *When we sing the blues.*

Die gute alte Zeit war gut. Punkt. Und die Zeit, in der zwei coole alte Ladys gerade ins Lachen stürzen, ist es auch.

Das Grün kommt doch noch – wir winken: Feeling good is easy. Ja, das ist es. Jetzt. Genau jetzt. Egal wie alt.

*Durch drei schläfrige Dörfer,
zweimal links und einmal
rechts, fanden wir das Lokal.
Ein geducktes Häuschen mit
Fachwerk und einem Reetdach,
mit Stockrosen rechts und links
hinter einem weißen Lattenzaun.*

Shakespeare, das Schwein

Für England war das ein ungewöhnlich schöner Sommer. Mit langen, prallen Sonnentagen, mit grünen Schatten in den üppigen Rhododendronwäldern, mit verwunschenen Seen und kleinen, engen, mit dichten Hecken gesäumten Wegen zu wunderbar altmodischen Märchendörfern, in denen die Zeit stehen geblieben schien.

Dieser milde Sommer ersparte uns viele Übernachtungskosten, unser Budget war ziemlich knapp bemessen, und wir waren froh, dass wir in unserem langen, uralten Kombi schlafen konnten. Morgens ging es dann los auf die Suche nach einem kleinen, möglichst schönen Frühstücksort. Wir fanden immer eine Besonderheit. Einmal lud uns, zu meinem Entzücken, mitten in einem Antiquariat ein alter Holztisch mit zwei Gedecken zum Bleiben und Wohlfühlen ein, einmal fanden wir ein stilles Plätzchen in der Ecke einer Gärtnerei mit Porridge für meinen Freund und Ham and Eggs für mich, ein anderes Mal gab es einen Platz in einer Dorfbäckerei, die mittendrin eine Wendeltreppe zu einem winzigen Balkon hatte, der bei diesem Wetter zum Frühstücken gedeckt war.

Es war eine magische Zeit, ich glaubte wieder an Elfen und Feen und Kobolde, wir standen staunend und hilflos vor den Schildern mit diesen unaussprechlichen Straßennamen in Wales, und wir fanden durch einen umgekippten Wegweiser ein Nachtquartier (als eine Dusche dringend nötig war) in einer alten verwunschenen Villa mit einer reizenden englischen Lady, die zartlila Haare hatte und die am nächsten Morgen unsere Frühstückseier in fein gehäkelten, bunten Papageienmützchen warm hielt. Und sie gab uns einen heißen Tipp für das Abendessen. Denn wir waren, bei aller Liebe zu Fish and Chips, diese nun tatsächlich leid.

Durch drei schläfrige Dörfer, zweimal links und einmal rechts, fanden wir das Lokal. Ein geducktes Häuschen mit Fachwerk und einem Reetdach, mit Stockrosen rechts und links hinter einem weißen Lattenzaun. Es sah aus, als wäre es einem Bilderbuch aus meiner Kindheit entsprungen. Hier haben bestimmt einmal

Schneewittchen und ihre sieben Zwerge gewohnt. Der Gastraum war schlicht, eine Theke mit vielen, vielen Flaschen und mit einem jungen, üppigen hübschen Mädchen dahinter, das uns den Tisch an dem offenen Fenster anbot. Die leichten Gardinen blähten sich im Abendwind, und wir konnten auf einen kleinen Garten mit einer wilden Blumenpracht schauen.

Wir blickten uns an. Dankbar, denn das Paradies winkte in diesem Sommer an jeder Ecke mit seinen leuchtenden Farben. Wir bestellten, ohne nachzudenken, das Gericht, das uns die junge Frau schmackhaft machte, und ein Bier und verstummten wohlig in diesem Frieden.

Da hörten wir es. Draußen war ein wildes Geraschel, ein Keuchen, ein Gegrunze, eine Störung. Wir beugten uns aus dem Fenster, da stand mitten in der Blumenpracht ein großes graues, struppiges Schwein und blickte neugierig und lieb. Ich erschrecke ja meistens, wenn Schweine mich anschauen, da sie mit ihren menschenähnlichen Augen einem tief in die Seele schauen können. Dieses wilde Schwein tat das auch. Es sah aufmerksam zu uns hoch, es stand vollkommen still, nickte dann mit dem Kopf und wusste Bescheid: Wir waren okay.

Als es sich wegdrehte, sahen wir zu unserer Verblüffung, dass es weiße Streifen hatte. Senkrecht hoch, sehr exakt über die ganze linke Seite verteilt. Es trabte sehr stolz mit diesem ungewöhnlichen Muster um die Hausecke und verschwand. Wir rätselten. Eine besondere Zuchtrasse, preisverdächtig? Ein besonderer Leckerbissen für ein Ragout, eine Genmutation oder -manipulation?

Als die junge Lady mit dem Essen kam, fragten wir sie. Unser holpriges Englisch brachte sie zum Kichern. «Pig?», wiederholte sie. «No», sagte sie und zeigte auf die vollen Teller. «It's lamb …»

«No», sagten wir und zeigten nach draußen. «A pig, a very special pig outside», erklärten wir.

Sie verstand nicht. «Special?», fragte sie?

«Yes, we have never seen such a pig in Germany. It's a special kind, isn't it?»

Sie schaute verwundert. «No, no», erklärte sie, «it is only a pig.»

Da hörten wir es wieder. Das *not very special pig* grunzte und erschien in seiner vollen Schönheit und blickte zu uns hoch.

«Shakespeare», rief das Mädchen, «that's Shakespeare.»

Wir lachten: Shakespeare, das Schwein! «*Shakespeare with stripes*», lachte mein Freund.

«Stripes?», wiederholte die Kellnerin verdutzt.

Da drehte sich Shakespeare zur Seite, zeigte seine exakt parallelen weißen, senkrechten Streifen auf seiner linken Seite, schmiss sich auf den Boden und wälzte sich vor Vergnügen. Und es sah fast so aus, als wollte die junge Frau es ihm nachmachen, als sie in ein gewaltiges Gelächter ausbrach. Sie gluckste und kicherte und rief immer wieder *Shakespeare with stripes,* und dann kam schon der nächste heftige Lachanfall. Als zwei junge Gäste in die Stube kamen, rief sie sie zum Fenster und erklärte etwas in einem schnellen aufgeregten Englisch, zeigte nach draußen, zeigte auf uns, und nun brüllten alle drei zusammen vor Lachen, dass wir begannen, uns unwohl zu fühlen. Hatten wir uns gerade zu den größten Deppen des britischen Empires gemacht? Selbst Shakespeare wurde nun dieses Gelächter leid, er schüttelte sich, rollte herum, stand wieder sehr elegant auf seinen vier hochhackigen Beinen und trabte davon. Erneutes Gelächter. Der Gasthof füllte sich. Jedem Neuankömmling wurde in immer längeren Fassungen die Geschichte erzählt: «Shakespeare, the only pig on the whole wide world with white stripes, very special, very crazy.» Großes lachendes Gebrüll.

Endlich, endlich machte sich einer der Gäste die Mühe, uns den Lärm um Nichts (eigentlich angemessen viel Lärm um Shakespeare) zu erklären: Der weiße Lattenzaun war frisch gestrichen worden, und Shakespeare hatte sich wie immer an ihm geschubbert und gedrückt. Ja, nun endlich hatten wir es kapiert. Ein Schwein war eben ein Schwein. Auch wenn es Shakespeare hieß. Gut, dass wir keine Deppen mehr waren! Und gut, dass wir endlich mitlachen konnten!

Es wurde ein langer, fröhlicher Abend mit viel Bier und immer wieder losbrechendem Gekicher. Fotos wurden gemacht, und es war klar, *Shakespeare with stripes* würde in die Dorfgeschichte eingehen. Das stand wohl fest.

*Ich könnte einfach mal so
zum Flughafen fahren und die
Aufregungen der Abfahrts- und
Ankunftsgeschichten erleben
und den Flugzeugen, voll-
gepackt mit Träumen, beim
Abheben zuschauen.*

To be or not to be

Es war kein schöner Tag. Graues Wetter, graue Häuser, graue Gedanken, dazwischen ein paar schmuddelige Wiesen. Und im Vorbeifahren ein Plakat an einem Laternenpfahl: ENJOY THE MOMENT und irgendeine Abbildung darunter. Keine Ahnung was. *Enjoy the moment*. Na klasse. Das Wetter war so lala, ich selber auch so drauf, da, wo ich hinwollte, würde es wahrscheinlich auch so sein, der lange Tag war lang, und ich erwartete nichts Besonderes von ihm.

Aber: Jetzt wurde ich hellwach. Na klar, ich kenne solche Sprüche von auf schön gemachten Postkarten, aus dem fröhlichen Kirchenkalender, sogar aus Poesiealben: *Carpe Diem.* Oder: *Nutze jeden Moment so, als wäre er dein letzter.* Oder aus dem Buddhismus: *Sei immer im Augenblick.* Und wir nicken schön artig. Weil wir ja wissen, dass diese alten Weisheiten irgendwie stimmen. Aber sie kommen so blöd leichtfüßig daher, dass sie uns genau mit diesem Weisheits-betongewicht die Umsetzung teuflisch schwermachen. Enyoy the moment. Was war gerade mein Moment? Ich saß in einem muckelig warmen Auto, ich hatte eine schöne Wohnung, in die ich zurückkehren würde, ich hatte eine staufreie Fahrt zu einem Termin, der eigentlich sogar recht nett war. Ich könnte «Stabat Mater» von Pergolesi in meinen CD-Player legen, ich könnte – Zeit war noch genug – einen Kaffee in meiner Lieblingsbäckerei, die fast auf dem Weg lag, trinken. Ich könnte sogar alles, und das war ein geradezu unglaublicher Luxus, über den Haufen schmeißen und was ganz anderes machen. Im Fünf-Sterne-Hotel nur dreißig Kilometer weiter einen Verwöhntag einlegen (damit habe ich schon lange geliebäugelt, doch es ist immer an meinem gemütlichen, aber uralten Bademantel gescheitert ...), ich könnte einfach mal so zum Flughafen fahren und die Aufregungen der Abfahrts- und Ankunftsgeschichten erleben und den Flugzeugen, vollgepackt mit Träumen, beim Abheben zuschauen. Ich könnte die gemütliche, gut sortierte Buchhandlung in der Nachbarstadt mit der zauberhaften Leseecke besuchen, ich könnte aber auch genau diesen

Moment, der mir erlaubt, mir solche Tagesgeschenke auszudenken und sogar zu erfüllen, genießen. Ich könnte dankbar sein.

Und das war ich jetzt auch. Sofort und auf der Stelle. Da! Ein weiteres Plakat: *Enjoy the moment*. Wieder konnte ich nicht erkennen, worum es ging. Aber das war eigentlich auch nicht wichtig. Ich genoss es gerade, über all das nachzudenken, was ich genießen könnte.

Und genau jetzt fällt mir einer dieser magischen Momente in meinem Leben ein, in dem ich etwas ganz Existenzielles verstanden zu haben glaubte. Ich saß auf dem Beifahrersitz unseres klapprigen Theaterbusses, wir fuhren zu irgendeiner Vorstellung, die Anstrengung und das Gelingen oder das Versagen lagen also noch vor uns, und ich hatte wie immer Stressbauchschmerzen. Wir überholten einen rappelvollen PKW. Ich konnte nur staunen, wie viele Menschen in dieses Auto passten. Ein Mädchen presste ihr Gesicht ans Fenster und lachte. Sie hatte das fröhlichste Gesicht, das ich je gesehen hatte. Ich musste sofort zurücklachen. Da winkte sie. Und dann waren wir schon weiter. Wir überholten sie auf meine Bitte noch mehrere Male. Ich konnte mich nicht sattsehen. Dieses Lachen. Diese Lebensfreude. Diese Lebensunschuld. Und genau da traf mich der Blitz der Erkenntnis. *Wir* entscheiden. Ja genau, wir entscheiden, will ich Freude, will ich Stress. Glück ist eine Entscheidung.

Das Mädchen hatte Down-Syndrom. Mit Heilwirkung. Jedenfalls auf mich. Ich vergesse es immer mal wieder, meistens, sogar oft. Aber dieses Plakat. Dieses Plakat tat es ebenfalls. Es machte mich aufmerksam. *To be or not to be.*

Das ist keine Frage. Es ist eine Entscheidung: Be happy! Enjoy the moment.

So! Jetzt reicht's!, dachte ich.
Ich stand auf und ging zum
Zaun. Ich würde ihm jetzt mal
gründlich die Meinung sagen,
und dann sollte er bitte schön
verschwinden. Möglichst weit
weg.

Von oben

Ich konnte ihn nicht leiden. Sein schmuddeliges Unterhemd, seine ungepflegten, fettigen Haare, seine Zigarette im Mundwinkel und immer eine Flasche Bier in der Hand, und das schon am frühen Morgen. Außerdem stand er immerzu an der einzigen Lücke am Gartenzaun, die den Blick auf meine Terrasse freigab. Ich wohnte in einer winzigen Dachwohnung, zu der ein kleiner Sitzplatz mitten im riesigen Garten des Mietshauses gehörte, unter einem uralten Birnbaum, der jeden Frühling unermüdlich tapfer versuchte zu blühen. Was ihm gelang, aber es wuchsen stets nur klitzekleine Birnchen, die er dann alle verlor. Jedes Jahr aufs Neue sprach ich meinem Baum gut zu, dankte für die weißen vorsichtigen Blüten und war verzweifelt, wenn die winzigen Früchte auf meine Terrasse fielen. Ich sammelte sie alle ein und verwahrte sie eine Weile und begrub sie dann an seinen Wurzeln. Keine Ahnung warum.

Der Typ aus der Nachbarsiedlung stand am Zaun, mit der Bierflasche am Mund, und sah mir dabei zu. «Is' das Dünger?», fragte er. «Das wird nix, das kannze mir glauben.»

Ich tat so, als ob ich ihn nicht hörte. Er war einer von denen, die man niemals als Nachbarn haben möchte, laut, schmutzig, neugierig.

Er gab nicht auf. «Oder hasse 'nen Schatz versteckt?», fragte er, und obwohl ich nicht zu ihm hinsah, ahnte ich ein schmieriges Grinsen.

Ich grub weiter.

Als ich fertig war und mich umdrehte, rief er: «He, Frollein, komm'se doch mal her.»

Nie im Leben, dachte ich und schlug mein Buch auf. Ich konnte nicht lesen, ich tat nur so, er machte mich wütend.

«Hab 'nen Tipp für Sie», rief er und beugte sich vor.

So! Jetzt reicht's!, dachte ich. Ich stand auf und ging zum Zaun. Ich würde ihm jetzt mal gründlich die Meinung sagen, und dann sollte er bitte schön verschwinden. Möglichst weit weg. Ich stellte mich aufrecht vor ihn hin. Sehr gerade, sehr mächtig, mit einer unsichtbaren Krone auf dem Kopf, das hatte ich mal in einem Seminar gelernt.

«Ich bin Klaus», sagt er und reicht mir seine Hand über den Zaun.

Ich übersehe sie. «Bin ich so interessant, dass Sie den ganzen Tag hier stehen und rüber-starren?» (*glotzen* hätte ich gerne gesagt ...) Meine Stimme klingt schnippisch, sie hört sich irgendwie blöd an. Bin ich gerade blöd?

Er grinst: «Kanns' mich nich leiden, was?»

Und ich murmle ein ertapptes «Hm, hm».

«Du bis' so 'ne Schreibhexe, hab ich recht?», fragt er.

Er hatte recht. Ja, ich schrieb, und ich fühlte mich gerade wie eine Hexe, eine böse, eine gifti-ge. So wollte ich eigentlich nicht sein.

Er grinst immer noch. «Du meins', du bis' was Besseres, stimmt's?»

Ja, er hatte den Nagel auf den Kopf getroffen. Er hatte mich voll erwischt. Ich schaute betrof-fen auf meine Schuhspitzen.

«Hab einfach zu viel Zeit», murmelt er. «Seit Hilde tot is', weiß ich auch nich mehr ...» Er schweigt. «War mal in Indien mit ihr, is' lange her, wir war'n so was wie Hippies, da hat so'n Guru mitten ausser Hand 'nen Baum wachsen lassen, ich schwör. Seitdem glaub ich an alles. Müssen Se auch tun. Einfach dran glauben. Issen guter Kerl, der alte.» Er zeigt auf den Birnbaum. «Aber er is' müde. Muss er immer noch Birnen wachsen lassen? Muss er?»

Ich blicke hoch. Er schaut direkt in meine Augen. Ich schüttle den Kopf. Nein, muss er nicht, wird mir gerade klar. Es ist gut, dass er da ist, das reicht. Ich sage ihm das.

«Ja», nickt er und lächelt. «Er is' doch schon alt. Also darf er das.»

Er darf, bestätige ich. Wir nicken uns zu. «Klaus, sage ich zögerlich, «was machen Sie so den ganzen Tag, wenn Sie mal nicht am Zaun steh'n?» Ich meine die Frage ehrlich. Ehrlich und ohne Wut.

Er denkt nach. «Eigentlich nix», sagt er. «Gibt nix mehr Sinn, seit se tot is'.»

«Hab ich auch schon mal erlebt», sage ich und schlucke. «Aber du wirst etwas finden, das dir hilft. Bestimmt.»

«Ich schau dir einfach zu», sagt er. «Wenne schreibs' oder liest. Und ich kann sehen, dasses dir gefällt. Und das gefällt mir.»

Hm, hm, was soll ich dazu sagen? Ich bin ehrlich: «Mich stört es manchmal», druckse ich herum. «Aber du kannst mal was von mir lesen. Wenn du willst.»

Am nächsten Tag schenke ich ihm den *Kotzmotz*, er strahlt und verschwindet damit ins Haus. Von oben aus seiner Wohnung brüllt er irgendwann: «He, Schreibhexe, hasse gut gemacht!»

Sorry, sorry, denke ich. Ja, manchmal bin ich voll blöd. Voll daneben. Tschuldigung, Klaus!

«Danke!», schreie ich zurück. Wir lächeln uns an.

Von Indien muss er mir mehr erzählen.

*Was immer dort ist, ich will erst
mal schauen, ob es angebracht
ist zu schreien. Oder in die
Hände zu klatschen, um es
zu verscheuchen. Ich bin
schon eine rechte Schissbuxe.
Manchmal.*

Lalelu

Es wurde dämmrig. Mein Windlicht flackerte durch meine Gedanken, im Gebüsch raschelten kleine Tiere, und Falter summten um das Licht auf dem Gartentisch. Die Blätter des alten Birnbaums bewegten sich sanft, und in das alles hinein konnte ich mich wie in weiche Arme fallen lassen. Es war ein anstrengender Tag gewesen, hektisch, voll und drängend. Nun aber ein Glas Rotwein in dieser Abendstimmung, die wie ein knisterndes, schimmerndes Geschenkpapier etwas Wundersames enthielt, das den langen Tag vergessen ließ.

Da taucht der Mond auf, und ich blinzle in das Blätterdach, als ich eine Bewegung über mir wahrnehme, etwas Kleines, Dunkles klettert über den dicken Ast, der waagerecht über mir ist, und verharrt.

Ich verharre auch. Erst vor Schreck, dann aus Neugier und Vorsicht. Was immer dort ist, ich will erst mal schauen, ob es angebracht ist zu schreien. Oder in die Hände zu klatschen, um es zu verscheuchen. Ich bin schon eine rechte Schissbuxe. Manchmal. Aber dieser Abendfrieden kann eigentlich nichts Schlimmes in seinen Taschen haben.

Ich hebe vorsichtig meinen Kopf, Zentimeter für Zentimeter, da schau ich direkt in die runden, schwarzen Augen eines sehr kleinen Eichhörnchens, ich wusste gar nicht, wie klein die sein können. So ein richtiges Ich-gehe-noch-in-den-Kindergarten-Eichhörnchen. Es hat sich quer auf den Ast gelegt, der kleine buschige Schwanz hängt hinten herunter, sein Kopf beugt sich jetzt etwas zu mir, und es beäugelt mich. Ich würde gerne meine Hand aufhalten wie ein Nest und ihm einen Schlafplatz anbieten.

Es legt den Kopf schief und denkt darüber nach: Warum eigentlich nicht? Es rückt ein kleines bisschen vor und legt den Schwanz über seinen Rücken. Es hat nun eine sehr seltsame, verrückte Frisur. Ein bisschen sieht es jetzt aus wie Mr. Trump. Nur in Klein. Und in entzückend unschuldiger Fassung. Es lächelt mich an und macht es sich irgendwie bequem. Was spricht man so mit einem kleinen Eichhörnchen? Wie geht's, wie steht's, nein, ähm, wie klettert's? Wie sind die Nüsse heute? Hast du was angestellt, irgendwelchen Murks gemacht? Jemanden verkloppt oder dich versemmeln lassen? Warst du vor den Elstern auf der Hut? Haben deine Eltern dir das beigebracht? Wo stecken die eigentlich? Lassen die dich tatsächlich so lange aufbleiben? ...

Das Eichhörnchenkind kratzt sich kurz am Ohr und denkt nach. Es denkt nach und denkt nach und schließt die Augen und denkt nach. Dann blinzelt es ein wenig. Es sieht plötzlich schläfrig und müde aus. So müde, dass es mich sofort damit ansteckt. Ich sage, so leise ich kann, aber doch hörbar mit meiner SamtundSeide-Honigstimme (an meinem Kater Oskar erprobt): «Schlaaaaf schön. Schlaaaaf schön! Schlaaaf schön.»

Das Eichhörnchen klappert mit den Augenlidern, und ich sehe tatsächlich, dass es sich entspannt, die Pfötchen hängen ganz locker herunter, seine Kopfbedeckung legt sich nun flacher über den kleinen Kopf. Und es hätte mich nicht gewundert, wenn es geschnurrt oder geschnarcht hätte.

Da erfindet sich in meinem Kopf gerade eine Geschichte für ein Bilderbuch, da hat das Eichhörnchen natürlich einen niedlichen Schafanzug an, es hat vorher noch mit irgendjemandem getobt, dann murrend die Zähnchen geputzt und genörgelt, weil es noch nicht schlafen gehen will. Bis die Eichhörnchenmama ihm ein Lied vorgesungen hat:

LA LE LU, mach die kleinen Augen zu, träum was von den Bäumen ...

«Morgen bist du irgendwo, heut' Nacht in meinen Träumen», ergänze ich.

Oder so was Ähnliches, genau weiß ich es auch nicht mehr. Als ich wach wurde, war das Windlicht heruntergebrannt, und das Eichhörnchenkind war doch nach Hause gelaufen zu seiner Mama. Da ging auch ich schlafen.

Das Plastikschaf stellte sie links
neben den Vogelhäuschenstall,
und eine Barbiepuppe aus dem
Karton bekam einen Tempo-
tuchumhang und sah nun
Maria täuschend ähnlich. Ich
strahlte.

Himmlisches Kind

Es war Ende November, an einem kalten trüben Nachmittag. Es dunkelte bereits, und ein scharfer Wind fegte um die Ecke dieser leeren Straße, als neben mir plötzlich ein Fenster hell aufleuchtete. Ich sah eine kleine Hand eine schmuddelige Gardine etwas zur Seite schieben, und ein blondes Mädchen mit einer schiefen Brille, etwa sechs Jahre alt, schaute mich an. Ich schaute zurück. Meine schweren Einkaufstaschen hingen wie Kartoffelsäcke an meinen Händen, und ich verfluchte die Idee, zu Fuß zum Laden um die Ecke zu gehen. Das Mädchen hob etwas hoch. Es war ein kleines Plastikschaf mit zerdrücktem Fell. Sie streichelte es und drückte ihm einen Kuss auf die Schnauze, dann drückte sie es an das Fenster und schaute mich an.

Ich zögerte – sollte ich das Schaf nun auch küssen? Ich tat so, als ob ich es täte.

Da strahlte sie, machte mir ein Zeichen, dass ich warten solle, und verschwand.

Ich stellte die Taschen ab und war froh über

diesen geschenkten Moment der Ruhe. Plötzlich wollte ich nichts mehr als nur dastehen und warten, nichts anderes tun als das. Einfach nur genau hier sein.

Jetzt wurde die Gardine energisch bis an den Rand der Fensternische gezogen. Das Mädchen hob einen Karton hoch. Sie rappelte damit, ich konnte es nicht hören, aber ich riss artig die Augen neugierig auf, da lächelte sie, bückte sich nach unten und hob ein schiefes Vogelhäuschen ohne Wände hoch, an dem noch Körner klebten und Vogeldreck. Sie zeigte es mir und sagte etwas. Ich konnte es nicht verstehen, aber sie redete und redete, blickte immer wieder zu mir, und ich nickte dann zustimmend. Aus irgendeinem Grund war ich voller Vorfreude.

Aus den Tiefen des Kartons holte sie nun einen goldenen Papierstern, der auch schon bessere Zeiten gesehen hatte. Sie versuchte, ihn auf das Vogelhäuschen zu setzen, aber erst mit einem Haarclip blieb er oben. Ich hob anerkennend beide Daumen. Das Plastikschaf stellte sie links neben den Vogelhäuschenstall, und eine Barbiepuppe aus dem Karton bekam einen Tempotuchumhang und sah nun Maria täuschend ähnlich. Ich strahlte. Das Mädchen strahlte zurück und suchte nach Josef. Sie fand ihn. Josef war ein Playmobil-Männchen mit gelbem Bauarbeiterhelm. Alles klar. Er war neben Maria winzig, aber standhaft war er an ihrer Seite. War das nicht schon immer seine Rolle gewesen? Er tat es perfekt.

Und nun? Hirten, Engel, Christuskind? Zwei Minibären nahmen das Schaf in ihre Mitte, das war mit den Hirten einverstanden, die Bären sahen lieb aus. Und Engel? Keine Engel. Aber das Christuskind? Ich zeigte auf den leeren Vogelhäuschenstall und machte eine wiegende Bewegung. Sie verstand, krauste die Nase und kramte und kramte in dem Karton. Sie hob ein pinkfarbenes Brillenetui hoch. *Nein!* Einen Flummiball. *Nein!* Eine Glitzerhaarspange. *Nein!* Ein grünes Plüschkrokodil als Schlüsselanhänger. *Nein!* Ja? *Ja!!* Das Krokodil hatte exakt die richtige Größe für den Vogelhäuschenstall, es passte haarscharf in die pinkfarbene Brillenetui-Krippe, es passte genau größengerecht zu seiner Mutter Maria, es lächelte das Schaf und seine Hirten lieb an und war nur eine Spur größer als sein weltlicher Vater Josef, aber das fanden wir okay. Nun ja, vor zweitausend Jahren war damals im Stall auch nicht alles perfekt gewesen.

Jetzt hob *sie* beide Daumen hoch, und ich klatschte leise Beifall, um das Krokodiljesuskind nicht aufzuwecken. Sie verstand und hielt einen Finger vor den Mund. Sie leuchtete irgendwie.

Weihnachten konnte kommen. Alles war bereit.

Wo bleibt mein kleines, hilfloses, furchtsames inneres Kind, von dem ich in einem Seminar erfahren habe? Warum wiege ich es nicht, dass es Vertrauen und Geborgenheit entwickeln kann?

Bitte so!

Ich könnte cool eine Ratgebertante in irgendeiner Bäckerblume oder Metzgerzeitung abgeben. Dafür habe ich Talent. Ich kann mich gut in jemanden hineinfühlen, habe alle Weisheiten des sibirischen, tibetanischen und sauerländischen Hochlandes drauf, und es würde mir ein erhabenes Gefühl geben: Ich wäre abgeklärt, gelassen, in sich ruhend!

Na, schön wär's. Warum könnte ich das bei anderen (na ja) – und nur nicht bei mir? Mit Kindern kriege ich das wunderbar hin. Da habe ich Geduld ohne Ende. Mit mir nicht. Niemals. Ich meckere mit mir rum. Ich bin zynisch. Ich jage mich unentwegt und rede mich zurechtweisend mit scharfer Stimme (im Kopf) mit BRIGITTE WERNER an. Ich bin unduldsam und kritisch. Ich bin schrecklich. Nie, niemals würde ich in dieser Weise mit meinen Freundinnen, überhaupt mit meinen Mitmenschen umgehen.

Wo bleibt mein kleines, hilfloses, furchtsames inneres Kind, von dem ich in einem Seminar erfahren habe? Warum wiege ich es nicht, dass es Vertrauen und Geborgenheit entwickeln kann? Warum flüstere ich nicht sanfte Worte, warum sage ich ihm nicht, dass es ein Geschenk ist, kostbar, stark und schön? Und wichtig.

Okay, das fand ich damals alles ziemlich albern, aber trotzdem liefen mir in diesem Seminar die ganze Zeit die Tränen übers Gesicht, als ich mich als schreckhaftes, dünnes kleines Mädchen sah, das mein Herz zittern ließ. Ich habe es immer mal wieder geübt. Und immer wieder musste ich heulen. Eine schöne Bescherung.

Zurzeit habe ich Stress ohne Ende. Ein Workshop, der hohe Anforderungen an mich stellt, liegt mir schwer im Magen. Meine Nachbarin macht mir das Leben schwer und erzählt Lügen über mich. Eine Freundin ist plötzlich eifersüchtig, weil ich mit einer anderen Freundin Zeit verbracht habe. Ein Manuskript will nicht fertig werden. Es hat jede Menge Haken, aber keine Ösen. Ich sitze im Auto und sage scharf: «BRIGITTE WERNER!! Du kriegst schon wieder nichts geregelt. Na klasse!»

Ich erschrecke. Höre mir zu. Höre die Mutter-

Lehrer-Pastor-Nachbarn-Stimme. In meinem Bauch wächst ein hartes klumpiges Irgendwas und drückt mir die Luft ab. Ich sehe mich als kleines Mädchen mit dünnen Zöpfen und verrutschten Kniestrümpfen. Ich stehe auf dem Parkplatz des Supermarktes und kann nicht aussteigen. Ich schluchze.

Ich nehme das magere, verschreckte Kind in die Arme und flüstere immerzu: «Schschsch, schsch ... Ich bin ja da. Ich pass auf dich auf.» Dabei heule ich noch mehr. Das Auto steht unter Wasser. Aber etwas löst sich in mir.

Plötzlich klopft es heftig an mein Fenster. Ich zucke zusammen und wische die Tränen mit dem Ärmel fort. Kaum zu schaffen. Ein etwa sechsjähriges Mädchen mit zwei struppigen, winzigen Haarpinseln oben auf dem Kopf schaut in mein noch nasses Gesicht. Sie blickt lange und aufmerksam in meine Augen. Ich öffne das Fenster.

«Nicht weinen!», sagt sie.

Ich nicke.

Sie fragt: «Willst du einen Witz hören?»

«Klar», sage ich.

Da kichert sie, ihre Augen tanzen, und ich sehe Zahnlücken und Sommersprossen. Die quietschrosa Haarspangen wackeln.

Ich habe den Witz vergessen, irgendwas kindlich Komisches mit einem Schwein und einem Pinguin ... Da sehe ich eine junge Frau aufs Auto zueilen. Ich erschrecke, fast ducke ich mich. Ich erwarte eine zornige Stimme, aber sie ruft: «Julia! Da bist du ja!» Sie klingt erleichtert und sehr froh.

Das Mädchen springt in ihre Arme und drückt sich an sie. Sie zeigt auf mich. «Sie hat geweint», sagt sie. «Und dann hat sie gelacht!» Jetzt kichert sie wieder.

Ich lächle. «Julia hat mir einen Witz erzählt», erkläre ich.

Julia strahlt ihre Mutter an. Die strahlt zurück. «Ja, das kann sie gut», sagt sie. «Sie ist die beste Witzeerzählerin der Welt. Sie ist unsere Sonne.» Sie streicht ihr über die struppigen Zöpfe – und als sie gehen, winke ich den beiden hinterher.

Ja, denke ich. Genau so. So kann es auch gehen. Genau so werde ich es machen. Und quietschrosa Haarspangen will ich auch.

*Gut, dass ich mich ein wenig
aufgebrezelt hatte. Nicht zu viel,
die Jeans musste bleiben, dazu
aber diesmal keine Turnschuhe,
sondern Schuhe mit Absatz
und ein weißes Herrenhemd
mit meiner gerade erstandenen
roten Seidenrose am Revers.*

Red, red roses

Das Lokal sah vornehm aus. Vornehm und teuer. Und wunderschön. Mit einer Terrasse zum See, mit diesen altmodischen Korbsesseln – kein Plastik, ich hasse Plastik. Die Kellner trugen tatsächlich ein weißes Tuch über ihrem schwarzen Ärmel, gingen aufrecht und stolz, als wäre es eine Auszeichnung, von ihnen bedient zu werden. So sah es jedenfalls aus, aber da hatte ich mich schwer geirrt – wie so oft.

Meine Freundin und ich wollten unbedingt in dieses filmreife Lokal, aber nur, wenn die Sonne schien. Nur, wenn man draußen sitzen konnte. Kaffee und Kuchen waren bei diesen Preisen gerade noch möglich. Ich war die Erste, die dort eintraf, ich war etwas früh dran, so konnte ich in aller Ruhe die beste Sitzecke aussuchen. Es waren erst wenige Gäste da, denn es war noch nicht die richtige Kaffeezeit. Ein älterer, gut aussehender Herr mit fast schon weißen Haaren saß etwas weiter weg. Er las die *Times* (!), kurz dachte ich verwundert, dass ich mich aus Versehen in so ein richtig englisches Miss-Marple-Landhotel verirrt hätte. Der Herr, der ein wenig so aussah wie Cary Grant kurz nach seinen besten Jahren, blickte auf, und sein Blick verweilte länger auf mir, als es höflich war. Ich blickte aus den Augenwinkeln zurück.

Gut, dass ich mich ein wenig aufgebrezelt hatte. Nicht zu viel, die Jeans musste bleiben, dazu aber diesmal keine Turnschuhe, sondern Schuhe mit Absatz und ein weißes Herrenhemd mit meiner gerade erstandenen roten Seidenrose am Revers. Die peppte mein Outfit klasse auf. Fand ich! Da war ich mir sicher! Bestimmt! Oder? Warum starrte er so? War ich heute etwa zu schön? Oder mal wieder voll daneben, wie manche finden, die meinen, mit sechzig plus wäre ich oft ein unmögliches No-Go? Hm, hm.

Keine Ahnung, wie meine Freundin hier gleich auftauchen würde, sie liebt es eher unauffällig, mochte aber in der Regel, was ich trug. Wo blieb sie nur? Ich wollte auf mein Handy schauen. Aber ich hatte es in der anderen Handtasche zu Hause gelassen.

Der Kellner schritt heran. Er lächelte mir zu.

Ich bestellte schon mal einen Kaffee. Er lächelte immer noch. Da traute ich mich und fragte ihn, ob er sich hier, in dieser zauberhaften Umgebung, wohlfühlte. Er nickte und strahlte. Seit fünfunddreißig Jahren sei er hier, immer pünktlich, immer habe er rechtzeitig sein Geld bekommen. Immer nette Gäste. Wieder sein Lächeln, das mir gefiel. Als er den Kaffee brachte, beugte er sich zu mir herunter und flüsterte: «Der Herr rechts hinter Ihnen würde Sie gerne zu einem Glas Prosecco einladen!»

Na, denn mal Prost. Warum eigentlich nicht? Ich würde ihm erklären, dass gleich meine Freundin käme (die sicher auch unbedingt einen Prosecco wollte), und dann müsste er sich wieder zurückziehen. Da er wie ein Gentleman aussah, würde er verstehen. Ich nickte in seine Richtung, fühlte mich gerade zehn Jahre jünger oder noch mehr. Wann überhaupt in letzter Zeit war mir so etwas passiert, verdammt noch mal?

Wir saßen nun zu zweit an meinem Tisch, der Prosecco kam, ich wollte ihm gerade von meiner Freundin erzählen, als er sich plötzlich zu mir beugte und murmelte: «Das habe ich noch nie gewagt. Und hätten Sie nicht so hübsch ausgesehen, wär ich auch wieder ausgestiegen. Ich bin ein Feigling, wissen Sie?»

Ne, wusste ich nicht. Ich schüttelte verwirrt den Kopf.

Er holte aus seinem Jackett eine zerknitterte rote Rose mit Anstecknadel und zeigte auf meine, die gerade in der Sonne prächtig glühte. «Gut, dass Sie sich getraut haben», lächelte er.

Ich verstand nicht.

«Na, unser Erkennungszeichen!»

Lange Pause. Ich war fassungslos. Es gab sie also wirklich noch immer, die berühmte Rose für solche Abenteuer. Mannomann! Ich war platt. Musste ich jetzt den Prosecco wieder herausrücken? Hatte ich ihn mir nicht irgendwie ermogelt?

Ich klärte ihn auf. Gott sei Dank war er in der Lage zu lachen. Wir haben uns gut unterhalten. Er hatte fast alle Bücher gelesen, die ich mochte. Oft im Original. Er liebte England.

Meine Freundin ließ mich hängen, seine Verabredung ließ ihn hängen, und es war ein schöner Tag. Ihn habe ich nie wieder gesehen. Auf ein Abenteuer war ich nicht aus. Aber ich beschloss, hier hin und wieder einen Prosecco zu trinken. Mit Seidenrose am Revers. Und gerne mit Freundin.

*Meine Fantasie wird
tollkühn, ich sehe eine Bombe
explodieren, ich rieche Qualm,
höre Schreie, höre mein Herz
wie wild schlagen, höre laut
eine Stimme, die mir sagt,
steige sofort aus ...*

Voll erwischt

Selten fahre ich mit öffentlichen Verkehrsmitteln, und obwohl ich Smartphone und PC einigermaßen beherrsche, bin ich oft mit den Fahrscheinautomaten überfordert. Sie machen mir Angst. Ich traue ihnen nicht. Immer warte ich auf ein großes, leuchtendes ERROR, das vielleicht auch noch so etwas wie einen schrillen Alarm auslöst mit Hinweis auf grandiose Dummheit. Vielleicht speichert er sogar ein Selfie mit meinem angestrengten, verzweifelten Gesicht.

Gott sei Dank hatte ich eine Freundin dabei, die war erprobt. Ich hatte ruckzuck das Ticket von Herne nach Bochum in der Hand und winkte ihr erleichtert aus der anfahrenden U-Bahn zu. Ich hatte dämlicherweise mein Auto auf dem Parkplatz einer Bank geparkt und nun, abends nach Geschäftsschluss, war die Schranke geschlossen und mein Auto eingesperrt. Keine Chance bis zum anderen Morgen. Voll blöd, würden meine Nachbarskinder sagen.

Da sitze ich nun in dem blassblauen, kränkelnden Licht des Abteils, dunkle, feuchte Wände rasen draußen vorbei, hinter mir gibbeln drei hübsche, aufgeregte Mädels, weiter vor mir sitzen mehrere müde, junge Männer, alle über ihr Handy gebeugt.

Ich erfinde sofort ein paar mögliche Geschichten für ihre Fahrt nach Hause, zur Arbeit, in ein Abenteuer oder in eine Liebe. An der nächsten Station steigt ein sehr großer, schlanker, aber sehr kräftig aussehender Mann ein, sein Schädel ist kahl rasiert, sein Gesicht leuchtend blass, seine Augen eisig und starr. Sein schwarzer Mantel reicht fast bis auf den Boden. Springerstiefel sehe ich, und in mir kriecht auf der Stelle Angst hoch, keine Ahnung, warum. So bin ich sonst nicht. Ich bin ein optimistischer, vertrauensvoller Mensch. Meistens. Er bleibt vor der geschlossenen Tür stehen, obwohl noch viele Sitzplätze frei sind. Das verwundert mich, aber ich bin auch erleichtert, dass er dort bleibt, wo er ist.

Er mustert jeden einzelnen Fahrgast gründlich und starr, und als er sich mir zuwendet, schaue ich nach unten. Kälte kriecht in mir hoch. Als ich wieder aufschaue, sehe ich in seiner geöffneten Tasche einen großen, grauen Zylinder mit schwarzem Deckel und einem Knopf. An dem spielt seine Hand herum, während er seinen Blick wieder wandern lässt. Meine Fantasie überschlägt sich in schwarzen Farben, ich sehe eine Bombe explodieren, ich rieche Qualm, höre Schreie, höre mein Herz wie wild schlagen, höre laut eine Stimme, die mir sagt, steige sofort aus, steige sofort aus, steige sofort aus. Die U-Bahn hält, und ich komme nicht von meinem Sitz hoch. Ich klebe fest, und meine Angst ist ein Felsbrocken in meinem Bauch, so groß wie der Mond. Ich ziehe mich tief in mich zurück. Ich bin nicht mehr da. Ich bin an meinem sicheren Ort, den niemand kennt. Dieser Mann auch nicht. Niemals wird er ihn finden.

Die U-Bahn fährt an, ich versuche, ruhiger zu atmen. Die Mädels hinter mir sind seltsam still. Ich habe das deutliche Gefühl, in einer schwebenden Blase mit sehr dünner Haut zu sein, die jungen Männer blicken hoch, ich versuche ein Lächeln, zwei lächeln zurück, das ist wie das Funkeln eines Zauberstabs, das Gekicher hinter mir setzt wieder ein, ich höre das Rauschen der

Gleise, ich wage es und blicke zu dem Mann mit der Bombe, ich sehe in sein Gesicht, es schaut ins Nirgendwo. Seine Finger spielen weiter mit dem schwarzen Knopf, und ich tue das, was ich einmal irgendwo gelesen habe, ich sage mit Inbrunst das Wort *Frieden* in mir drin, immer wieder und wieder. Und noch einmal. Ich entspanne mich. Ich könnte es an der nächsten Station schaffen. Und die anderen? Mein Kopf verweigert weitere Fantasien. Ich sehe den Mann den grauen Zylinder aus seiner Tasche ziehen, er hebt ihn etwas hoch, und ich weiß, dass ich nun aufhören werde zu atmen.

Zwei, drei, vier oder mehr Sekunden, gefühlte Minuten, geschieht gar nichts. Dann dreht dieser blasse Mann an dem Deckel dieses Zylinders und hebt ihn an seinen Mund. Er trinkt in langen Schlucken. Und ich ertrinke fast in meiner Erleichterung. Ich möchte zu ihm gehen und Danke sagen. Er würde es nicht verstehen. Und ich werde es nicht tun. Ich schelte mit meiner Fantasie und meiner Angst. Ich muss sie neu ausrichten, sonst wird mein Leben nicht mehr normal sein. Und ich würde eine andere werden.

Ich werde sie neu ausrichten müssen.

Ich war noch jung, und völlig
selbstverständlich hofierten sie
mich nach Strich und Faden.
Sie flirteten, was das Zeug hielt,
und brachten mich viele Male
in Verlegenheit. Immer, wenn
ich sie abholte, standen sie
dicht zusammen und hatten
noch etwas Geheimes zu klären.

Dona la Pace

Dieser überraschende Job für zehn Tage war ein wirkliches Geschenk. Aufregend und dazu noch gut bezahlt, und er würde meine miese Finanzlage kurzfristig retten. Leider musste ich dabei meistens mit einem Auto durch die Gegend fahren, dazu noch durch das quirlige Düsseldorf, und Autofahren gehörte noch nie zu meinen Lieblingsbeschäftigungen. Aber dieses Auto war ein Traum. Eine teure, große, lässige Limousine, die irgendwie schnurrte, selbst wenn ich mal wieder die falschen Gänge erwischte. Sie fuhr fast lautlos und so viel selbstsicherer als ich, dass ich noch mehr Komplexe bekam.

Auch die drei sehr alten Herren, die ich von der Landeshauptstadt zu verschiedenen Ortsgesprächen, Führungen und Besichtigungen fahren sollte, liebten diese «Kutsche». Jeden Morgen, wenn ich sie vom Hotel abholte, standen sie schon erwartungsvoll davor. Sie prüften den schwarzen Lack, strichen bewundernd darüber, lobten, dass kein Schmutzfleck zu finden war (das gehörte auch zu meinen Aufgaben ...) und stiegen ein. Immer in einem tadellosen Anzug, weißen Hemd und Krawatte. Alle drei waren sie im letzten Krieg in Dachau im KZ gewesen. Jetzt lebten sie in Israel. Man hatte sie zum vierzigsten Jahrestag des Kriegsendes nach Deutschland eingeladen.

Ich war noch jung, und völlig selbstverständlich hofierten sie mich nach Strich und Faden. Sie flirteten, was das Zeug hielt, und brachten mich viele Male in Verlegenheit. Immer, wenn ich sie abholte, standen sie dicht zusammen und hatten noch etwas Geheimes zu klären. Ich wartete. Irgendwann waren sie damit fertig. Einer der dreien stieg vorne ein, die beiden anderen saßen artig auf der Rückbank. Immer erst einmal ein bisschen mürrisch, aber meistens schon drei Straßen weiter bestens gelaunt.

Es dauerte noch ein, zwei Tage, bis ich verstand, was da vor der Hoteltür ablief. Sie machten das Handspiel Schnick, Schnack, Schnuck, um zu klären, wer bei mir vorne sitzen durfte. Das rührte mich, aber ich verbannte sie alle drei auf die Rückbank. Schluss damit. Da saßen sie zuerst etwas verschämt, als sie aber erfuhren, dass ich jiddische Lieder kenne und überhaupt das Jiddische sehr mag, kamen sie in Fahrt. Sie sangen mir ein Lied nach dem anderen vor. Mein Lieblingslied war das über einen Rabbi, der allerhand Sachen machte, meistens Schlafen und dabei Schnarchen, und das machten sie pantomimisch so ernsthaft und komisch vor, dass ich im Verkehr höllisch aufpassen musste.

Dann kam der Tag, an dem ein Fernsehteam sie zu ihrer Zeit im KZ interviewen wollte. Ich fuhr sie zum Studio, und sie saßen schweigend auf dem Rücksitz. Dann begann einer von ihnen jiddische Witze zu erzählen, es kamen mehr dazu, aber es gab kein Gelächter.

Im Studio baten alle drei unisono, dass ich dabei sein sollte, sozusagen in ihrem Blickfeld. Ich nickte beklommen. Die Scheinwerfer leuchteten auf, die erste Frage wurde gestellt, und es gab – keine Antwort. Das Gesicht von Aaron versteinerte sich, die Lippen waren hart zusammengepresst, dann sah ich die Tränen. Die Kamera sah es auch. Sie wollte mehr davon. Ich stand auf, lief ins Bild und nahm Aaron in den Arm.

Keiner der drei Männer war in der Lage, dieses Interview zu führen.

Ich fuhr sie zu ihrem Hotel zurück. Wir waren alle verstummt. Eine dunkle, schwere Wolke hing in unserem Auto. Plötzlich fiel ein Lied in meinen leeren Kopf, und ich sang es halblaut wie ein Mantra vor mich hin. Ein Taizé-Lied, das mich schon in manch schwerer Zeit beruhigt hatte:

Dona la pace, Signore, a chi confida in te. Dona la pace, Signore, Dona la pace, Signore ...

Es ist nur eine Zeile, die immerzu wiederholt wird. Und geradezu magische Heilwirkung hat. Die drei Herren auf der Rückbank richteten sich auf, fast gleichzeitig. Ich weiß nicht, ob sie Italienisch konnten, aber die Melodie war ein Klacks für sie. Wir sangen diese eine Zeile bis zu ihrem Hotel viele, viele Male. Wieder und immer wieder. Sie hat geholfen.

Beim Abschied umarmten wir uns lange. Unser Herz schlug nun ruhiger.

Ich träumte starke, symbolhafte Träume, in denen mir Bäume, Vögel und auch sanfte, klare Gewässer gut zuredeten: Wage es. Es wird sich alles finden.

Leuchttürme.
Ein biografischer Ausblick

Sie war jung. Sie war schön. Sie hatte Liebreiz, aber dieses Wort kannte ich damals noch gar nicht. Sie hatte eine unglaubliche Art, dass ich mich furchtlos und stark fühlen konnte. Und voller Vertrauen und Lebensfreude. Ich liebte sie. Wir alle liebten sie. Zum ersten Mal in meinem Leben, mit sechs Jahren, bekam ich einen Geschmack von Zukunft. So wollte ich auch werden. Genau so. Und genau dasselbe wollte ich machen, ich wollte Lehrerin werden. Mit ganzem Herzen. Klingelte es mittags und wir mussten mit unserem Schultornister auf dem Rücken nach Hause, so schrumpfte ich zurück auf meine Kleinheit, ich war immer die Kleinste, ich fühlte mich wieder mickerig, ängstlich, schüchtern, ohne Worte. Die tobten alle irgendwo in mir rum. Ich hatte einen Namen dafür erfunden, es war der Ort MONAROSADELLA. Das klang geheimnisvoll, das klang sanft, das klang nach Frieden und Schönheit. Dort wohnten meine Träume und meine Wörter, die ich sammelte und verwahrte und manchmal auch erfand.

Meine schöne Lehrerin war der erste Wendepunkt in meinem Leben. Ich erkannte, ohne es benennen zu können, dass es da draußen, außerhalb der Wände unserer engen Wohnung, außerhalb meiner Angst, eine paradiesische Fülle von Möglichkeiten gab, die ich irgendwann entdecken und auskosten würde. Aber dann verschwand diese Lehrerin eines Tages aus meinem Leben. Wir Kinder haben nie erfahren, was geschehen war. Niemand erklärte es uns. Die nachfolgende Lehrerin war alt, sie war schrecklich, sie war ein brüllendes Ungeheuer, ihre Stimme tat weh, wir duckten uns und machten uns unsichtbar. Jeden Abend saß ich im Bett und stellte mir vor, einen Zeitsprung zu machen: Ich war nun «die Neue», ich liebte alle meine Schülerinnen und Schüler, ich erfand Geschichten für sie, ich gestaltete den Unterricht in meinem siebenjährigen Kopf mit grandiosen Ideen, ich erfand und verwarf und wusste mit großer Sicherheit, dass ich einmal eine Lehrerin sein würde, die Spaß hätte. Und die Spaß in die Schule bringen würde.

Und so geschah es. Zehn Jahre unterrichtete ich voller Freude, aber irgendwann schlich sich etwas auf kleinen, lautlosen Füßen in diese Freude, etwas, was die Freude kleinerfraß, und es nagte in mir herum, und ich brannte nur noch mit halber Flamme. Ich kam diesem Prozess lange nicht auf die Schliche. Ich wusste nur, dass etwas nicht stimmte. Ich zog in eine WG mit lauter verrückten Typen, mit Künstlern und Studenten, die abenteuerliche Fächer studierten, allesamt crazy, Nachteulen, die Welt diskutierend mit Mengen von Rotwein und Gras. Nur ich musste morgens pünktlich zur Schule, schlich mich, lärmvermeidend, aus dem Haus. Eine Sehnsucht begann sich in mir auszubreiten, die hatte Fangarme und den Gesang von Sirenen, ich wollte frei sein, ich wollte aussteigen aus dem ganzen Schulsystem mit seinen Vorschriften, verstaubten Lerninhalten, seinem Verwaltungsstress und seinen strengen Beurteilungskriterien, die ich hasste.

Ich wollte aber meine Kinder nicht missen. Ich liebte sie. Und ich hatte Angst. Wovon sollte ich leben? Was genau wollte ich überhaupt tun? Was konnte ich, außer Kinder mit Spaß zu unterrichten? Aber dann fiel es mir an einem langen Spaziergang wie Sternschnuppen in meinen zermürbten Kopf: Ja doch, ich konnte erzählen, ich konnte schreiben, ich konnte kreativ sein in viele Richtungen. Und als ich dazu noch vertrauen konnte, war der Bann der Angst gebrochen. Ich wusste auf einmal sehr genau: Ich war an einem Ort in meinem Leben angekommen, der plötzlich an dieser breiten, mir vertrauten Straße, auf der ich schon so lange ging, einen verwunschenen Abzweig hatte – mit geheimnisvollen Kurven, die ich nicht einsehen konnte, mit wilden Gewächsen am Wegrand und fremden Gerüchen und verlockenden Stimmen. Ich träumte starke, symbolhafte Träume, in denen mir Bäume, Vögel und auch sanfte, klare Gewässer gut zuredeten: *Wage es. Es wird sich alles finden.*

Immer wieder, auch später in meinem Leben, tauchen bei Entscheidungsprozessen, die mein Leben ändern sollten, schon lange vorher diese

Hinweise und Zeichen auf. Und immer gab es dann den absoluten Punkt der Klarheit: Das ist es. Genau das! Meine Wendepunkte waren dann stark und führend, wenn sich das Vertrauen, dass es richtig war, wie eine Schutzhülle um mich legte.

Und ich stieg tatsächlich aus, beendete das Beamtendasein. Und: wurde für verrückt erklärt. Aber ich schrieb. Ich schrieb in der Hoffnung, dass diese Geschichten, die ich meinen «Kindern» im Laufe meiner zehn Schuljahre erzählt hatte, sofort ein Bestseller würden und ich davon leben konnte. Nun ja, das war eine Seifenblase, aber sie schwebte und schillerte eine lange Zeit in meinem Leben. Bis sie platzte. Aber nicht meine Gewissheit, dass es irgendwann geschehen würde. Irgendwann später. Da würde es diese Bücher geben.

Vorher geschahen noch allerlei andere Verstrickungen, und es gab steile Kurven mit Vorwärts- und Rückwärtsschritten. Aber immer ohne Bedauern. Das Geld war meistens knapp, aber eigentlich hatte ich immer alles, was ich brauchte. Ich genoss die Freiheit, ich genoss, mich in alle Richtungen in meiner Kreativität austoben zu können, ich genoss die neuen Freunde und Möglichkeiten.

Und so machte ich plötzlich Kindertheater, schrieb, ja ich schrieb wieder, endlich, ich schrieb alle die Stücke, die wir aufführten, da saßen die Kinder vor der Bühne, sie lachten, sie zitterten mit, sie waren bekümmert und erleichtert, wenn die Geschichte sich gut auflöste. Ich gab Kurse für Kinder, ja, ich unterrichtete wieder, ich liebte es noch immer, jetzt aber war es anders, ganz anders, keine Zensuren, kein unnötiger Ballast, ich konnte sogar Schreiben unterrichten, plötzlich wollten Einrichtungen, dass ich dieses tat, es war wundervoll.

Das Theaterspielen, das ich mir niemals zuvor in meinem Leben auch nur ansatzweise zugetraut hätte, wurde ein weiterer, abenteuerlicher Wendepunkt. Ich war schüchtern, und vor Publikum erstarrte ich in meinem heftigen Gefühl, peinlich zu sein. Aber irgendwann wollte ich nicht mehr nur eine Figur in unserem Kindertheater sein, eine Hand- oder Stabpuppe oder ein Hund in einem Ganzkörperkostüm, in dem ich mich verstecken konnte. Ich wollte die Menschen zum Lachen bringen. Auge in Auge. Und so sprang ich ins kalte Wasser, ins eiskalte Wasser, aber eigentlich sprang ich auf die Bretter unserer Bühne, und dort oben war ich plötzlich eine meiner selbst erfundenen Figuren: die schusselige Hexe Flora Sanella oder Lilli Bazilli, die Monsterexpertin, ich konnte mir die Rollen ja sozusagen auf den Leib schreiben. Ich hatte meine komische Ader entdeckt. Und mein großes Vertrauen in mein Vertrauen: Wenn es sich richtig anfühlte, richtig im Herzen, dort zuerst, dann folgte meistens der Kopf, dann konnte ich es immer wagen. Und ich tat es. Ich weiß, dass ich keine begnadete Schauspielerin bin, niemals könnte ich bestimmte Rollen spielen, aber die selbst erfundenen, die gelangen mir immer.

Andere Wendepunkte kamen unverhofft, manchmal auch sehr dramatisch und schmerzhaft, Wendepunkte, die ich eigentlich gar nicht wollte, und auch wenn ich litt und am Rande einer steilen Klippe über tiefe, unergründliche Schluchten ging, war immer irgendwo in mir ein Ort, in dem die Zuversicht, das Vertrauen wohnte. Ein Ort wie ein kleiner Leuchtturm. Und ich wusste selbst in der Mitte der Nacht, dass mich dieses Licht leiten würde.

Und so war es stets. Ich hatte viele Wendepunkte in meinem Leben, selbst gewählte, nicht gewollte. Immer, ja das kann ich aufrichtig sagen, gab es diesen kostbaren Moment der «Erleuchtung» mit all seinen Zeichen vorweg, dass alles gut ist. Dass ich es schaffe. Dass es genau das ist, was mich letztendlich zu der machen wird, die ich jetzt bin. Und zu dem Ort geführt hat, an dem ich jetzt bin.

Ich habe eine Heimat, der ich vertraue. Und die bin ich selber. Und wenn ich da herausfalle, muss ich mich wieder hineinschubsen. Manchmal mit Gewalt. Dabei hilft das Erinnern. Das Wissen, dass ich das kann. Das ist das Licht.

Brigitte Werner
Zufälle. Das Leben ist wunderbar
189 Seiten, Leinen mit Schutzumschlag
ISBN 978-3-7725-2545-2

Brigitte Werner schildert 25 kleine Begebenheiten aus ihrem Leben – mit einem aufmerksamen, liebevollen Blick auf die scheinbar unscheinbaren Ereignisse im Alltag, die sich aber bei näherem Hinsehen als denkwürdig und hintergründig erweisen können. So kann man auch selbst aufmerksam werden, wenn man die Augen aufmacht, sie blank reibt und sich voller Freude umdreht ...

Verlag Freies Geistesleben